웹 3.0 레볼루션

부의 지도를 뒤바꿀 디지털 혁명의 시작

웹 3.0 레볼루션

WEB 3.0 REVOLUTION

윤준탁 지음

와이즈맵

웹 3.0의 시대가 열렸다

2022년, 지금은 웹 3.0^{Web 3.0} 시대인가? 웹 3.0 시대가 이미 도래했는지 아니면 아직 우리에게 다가오고 있는 중인지는 정확히 말하기 어렵다. 하지만 각종 언론과 유명인사들의 입을 통해 웹 3.0이 본격적으로 언급되고 있다. 좋든 싫든 사회적으로 인식되기 시작된 이상 웹 3.0은 이미 트렌드를 형성하고 있다고 봐야 한다. 웹 3.0을 하나의 이념이자 가야 할 방향으로 정의하고 지지하는 사람이 있고, 실체가 없는 개념이자 단순한 해프닝에 그칠 것이라고 주장하는 사람도 있다.

대표적으로 테슬라^{Tesla}와 스페이스엑스^{SpaceX}의 CEO인 일론 머스크^{Elon Musk}가 웹 3.0은 명칭만 바뀐 '중앙화된 인터넷'이라며 이를 저격했다. 웹 3.0을 실제로 본 적 있냐고 말하는 등 웹 3.0은 실체가 없는 마케팅 용어에 가까운 공허한 개념이라는 주장을 펼쳤다. 트위터^{Twitter}의 창업자이자 현재 블록Block(구 스퀘어Square)의 CEO인 잭 도시Jack Dorsey 역시 유명 벤처캐피털(VC)이 웹 3.0을 주도하며 투자를 선점하고 있다고 비판에 가세했다. 웹 3.0이 결국 VC의 손에서 벗어나기 어려운 중앙화된 인터넷의 마케팅 수단으로 쓰이고 있다는 것이다. 이밖에 실리콘밸리의 유명 창업가들이 웹 3.0에 반대하거나 단순히 웹 2.0의 연장선으로 생각한다는 의견을 남기기도 했다.

그러나 잭 도시와 일론 머스크의 발언에 반대하는 의견도 많다. 잭 도시가 창업한 트위터는 대부분의 데이터가 사용자의 통제 밖에 있는 대표적인 웹 2.0 기업이다. 트위터 역시 성장하면서 여러 VC로부터 투자를 받았다. 정작 자신은 수혜를 누려왔으면서 그가 지금 와서 VC를 탓하고 웹 3.0을 비판하는 것은 어불성설이라는 의미다.

웹 2.0이란 용어를 대중화시킨 장본인 팀 오라일리Tim O'Reilly는 웹 3.0에 대해 어떻게 생각하고 있을까? 그는 1990년대 후반 닷컴 버블을 겪고도 살아남은 기업이 결국엔 성공한 것처럼 현재의 암호화폐 시장 또한 버블이 붕괴된 이후를 주목해야 한다고 말했다. 또한 현재의 웹 3.0은 버블이 꺼지기 전까지는 웹 3.0이라 부를 수 없다며, 2~3년이 지나고 나서야 정확히 이야기할 수 있을 것이라고 했다.[1] 블록체인, 암호화폐 산업이 탈중앙화가 아닌 중앙화되는 현상도 지적했다. 탈중앙화에 초점을 맞추고 있는 암호화폐 산업에는 아이러니하게도 거래소, 토큰 발행인 등 극단적인 중앙화 구조가 공존하고 있다는 것이다.

물론 웹 3.0이 단순히 마케팅 용어에 그칠 수도 있다. '탈중앙'이라는 이상을 좇는 자들의 유토피아, 혹은 또 하나의 인터넷 붐을 이용한 거대 자본의 투자처로 끝나버릴 수도 있다. 사실상 탈중앙화는 이상적이다. 현재 웹 3.0을 표방하는 서비스 중 완전한 탈중앙화에 성공한 사례는 보이지 않는다. 웹 2.0의 뼈대에 웹 3.0이라는 옷을 입은 것이 대부분이다. 누군가 웹 3.0이라는 이름으로 탈중앙 서비스를 선보여도 결국 누군가가 그것을 운영하고 관리해야 한다. 모든 사람들이 평등하게 권리를 갖고 합리적인 보상을 받는 서비스는 아직 등장하지 않았다. 심지어 탈중앙화 자율조직이라는 DAO(Decentralized Autonomous Organization)도 누군가 만든 것이고 운영자가 있으며, 기존 웹 2.0의 인프라 위에 구축한다. 웹 3.0에는 기술적인 분류와 움직임 외에도 소유권 확보, 이를 통한 부의 창출과 자본의 증식, 새로운 수익을 추구하는 거대 자본과 기업의 전략 등이 복잡하게 얽혀 있다.

인간은 변화에 민감하다. 특히 자본시장의 변화에 민감하다. 웹 3.0의 시작점인 블록체인과 암호화폐 시장을 보면 명확하다. 웹 3.0의 화두는 단순히 기술의 발전에서 시작하지 않았다. 기술과 시장이 만들어내는 새로운 부와 자본, 그리고 이를 쫓는 사람들에 의해 트렌드가 빠르게 확산되고 있다. 더 이상 과거와 같이 일과 노동만으로는 부를 이룰 수 없다는 사실은 이제 많은 이가 인정하는 현실이 됐다. 사람들은 기존 웹 2.0의 구조와 금융 시스템으로는 불가능한 자산의 형성이 웹 3.0에서는 가능하다는 것을 인식하고 여기에 더 뜨거운 관심을 보이고 있다.

2017~2018년에 거칠게 불었던 암호화폐 붐. 그리고 이후 약 3년의 빙하기를 거쳐 2021년에 다시 한 번 암호화폐 붐이 일었다. 이때는

단순히 암호화폐의 가격 상승에 그치지 않고 디파이^{De-Fi}와 NFT 같은 새로운 디지털 금융, 디지털 자산이 등장했고, 디지털 자본시장은 각국 정부와 대형 금융기관의 관심까지 받게 되었다. 탈중앙을 기반으로, 혹은 기존 웹 2.0 구조와 웹 3.0 구조의 결합을 통해 새로운 디지털 경제가 만들어졌다. 책 후반부에서 다루겠지만 웹 3.0은 현재 새로운 웹 시대로의 전환기에 들어왔다. 약 15년 주기로 단계가 바뀌는 웹 시대에서 '웹 3.0'은 2020년을 전후로 블록체인과 암호화폐가 이끈 새로운 전환기를 맞이하고 있다.

　이 책을 읽는 독자는 남들보다 빠르게 새로운 변화를 알고 싶은 분들일 것이다. 누군가는 변화에 일찍 관심을 갖고 기회를 찾을 것이고, 누군가는 한때 스쳐가는 마케팅으로 치부하고 기회를 놓칠 수도 있다. 이 책에서는 새로운 변화를 맞이하기 위한 최소한의 준비를 할 수 있도록 기본적인 내용들을 전달하고자 했다. 기회는 가만히 있으면 찾아오지 않는다. 웹 3.0 시대에 찾아올 거대한 기회를 포착하는 것이 이 책으로부터 시작되길 기대한다.

윤준탁

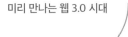

웹 3.0 시대 김철수 씨의 하루

2035년 어느 날, 김철수 씨는 아침에 눈을 뜨자마자 스마트폰을 찾았다. 밤사이 거래된 미국 증시와 암호화폐 시황을 확인하기 위해서다. 다행히 별다른 일은 없었다. 김철수 씨의 자산은 잠들기 전과 다름없이 실시간으로 가격과 수익률이 변하고 있었다.

김철수 씨는 최근 예치한 암호화폐의 이자 덕을 톡톡히 보고 있다. 과거처럼 현금으로 은행 적금을 들었다면 많아야 5퍼센트 정도의 이자를 받았을 것이다. 하지만 지금은 은행에서 제공하는 암호화폐 거래 서비스를 이용해 연이율이 무려 40퍼센트가 넘는 성과를 얻고 있다. 암호화폐를 구입해 매월 디파이 서비스에 자산을 맡기고 있기 때문이다. 일부 디파이 상품은 연이율 200퍼센트를 제시하기도 하지만, 그만큼 가격 변동 리스크가 크다. 안정적인 투자를 선호하는 김철수 씨는 암호화폐를 환율 변동성이 낮은 외화 기반의 스테이블 코인으로 바꿔 디파이 서비스에 넣어두었다.

김철수 씨의 스마트폰에는 전 세계의 모든 디파이 서비스를 한 곳에서 관리할 수 있는 앱이 설치되어 있다. 출근길에 그 앱을 보고 이자율이 낮아진 서비스에서 암호화폐를 찾아 다른 디파이 서비스에 넣었다. 그리고 지하철에서 무료한 시간을 달래기 위해 모바일 게임을 시작했다. 요즘 인기 있는 모바일 게임 대부분은 플레이하면 돈이 되는 P2E 기반이다. 게임을 하면서 얻은 아이템과 암호화폐는 현금처럼 사용할 수 있다. 편의점에서 결제할 때도 쓰고 디파이 서비스에 예치할 수도 있다.

최근 부동산과 미술품으로 만든 NFT를 여러 개 구입했는데, NFT를 담보로 대출을 받아 사업 자금으로 활용했다. 김철수 씨가 일하는 회사는 탈중앙 자율조직인 DAO다. 김철수 씨는 최근 구글이 만든 메타버스에 디지털 브랜드 회사를 창업하면서 일반 주식회사 형태가 아닌 DAO로 등록했다. 자유로운 분업이 트렌드로 떠오르며 많은 회사가 DAO를 기반으로 조직을 구성하고 있다. DAO 회사는 일반 법인과 동일한 지위가 인정된다. 해외에 거주하는 직원의 채용이나 계약, 급여 지급을 모두 스마트 콘트랙트로 진행한다.

김철수 씨는 DAO 회사를 설립하면서 토큰을 발행했다. 회사의 매출에 따라 토큰을 보유한 사람들에게 이익을 배분하고 있다. 심지어 김철수 씨는 월급도 회사가 발행한 토큰으로 받는다. 암호화폐로 거래하는 다른 회사의 경우 암호화폐로 받는다.

회사에 도착해 컴퓨터를 켜고 인터넷에 접속한 김철수 씨는 디지털 지갑으로 각종 웹 사이트에 로그인한다. 디지털 지갑이 있으면 번거롭게 사이트별로 여러 개의 아이디와 비밀번호를 만들어 관리할 필요 없이 대부분의 인터넷 서비스에 접속할 수 있다. 업무용 메타버스에 접속할 때나 은행 일을 처리할 때도 디지털 지갑을 사용한다.

회의를 위해 업무용 메타버스 공간에 접속한 김철수 씨는 최근 새로 만든 아바타를 선택했다. 가상공간에서 활동하는 아바타는 온라인 세상 속 또 다른 자아다. 김철수 씨는 업무용 아바타는 물론 게임이나 취미 생활, 소셜 네트워크용 아바타를 용도별로 여러 개 갖고 있다. 지인 중 몇 명은 아바타를 만들어 크리에이터처럼 콘텐츠를 만들기도 한다.

오늘 회사에서 만든 디지털 아이템은 더 많은 사람들이 아이디어를 더하면 좋을 것 같다. 그래서 전 세계 아이디어 공유 사이트에 직접 만든 프로그래밍 소프트웨어와 제품 디자인 파일을 업로드했다. 누군가 이를 활용해 새로운 아이템을 만들어 팔면 김철수 씨의 회사가 판매 로열티를 받을 수 있다.

김철수 씨는 최근 회사 일과 별개로 개인적으로도 디지털 영상과 디자인 템플릿을 만들어 탈중앙화 콘텐츠 마켓플레이스에서 판매한다. 플랫폼이 중개 수수료를 떼어가긴 하지만 이는 서비스 운영 목적으로만 사용되고 나머지 수익은 온전히 김철수 씨가 갖는다. 마켓플레이스에서는 직접 만든 디지털 자산과 콘텐츠를 판매할 수도 있고, 더 이상 볼 수 없도록 숨길 수도 있다.

퇴근길에 스포티파이^{Sportify}로 음악을 듣고 보상으로 암호화폐를 받은 김철수 씨는 마트에 들러 암호화폐로 저녁거리를 샀다. 집에 도착해 유튜브^{YouTube}로 레시피 영상을 보면서 요리를 했다. 영상을 보는 대가로 유튜브에서 주는 토큰을 모으면 유튜브에서 발행하는 NFT를 살 수 있다. 해당 NFT가 있으면 유튜브 프리미엄 서비스를 무료로 사용할 수 있어 요즘은 더 열심히 시청 중이다.

저녁을 먹고 마이크로소프트^{Microsoft}에서 만든 XR(확장현실) 기기의 전원을 켰다. 김철수 씨는 자신이 만든 아바타를 불러와 게임 속 캐릭터와 연동했다. 예전에는 XR 기기를 착용하면 속이 울렁거렸지만, 최신형 기기는 더 이상 그런 불편함이 없다. 게임을 마치고 잠들기 전 스마트폰을 보니 오늘 하루 활동하면서 받은 암호화폐 보상의 총 금액이 화면에 떴다.

이제 잘 시간이다. 자는 동안 전 세계에서 오는 메시지에 응답할 수 있도록 다국어 인공지능 모드를 설정하고 잠자리에 든다. 김철수 씨가 잠든 사이에도 그의 아바타는 열심히 외국어로 대답하며 제2의 디지털 라이프를 살아간다.

WEB 3.0 REVOLUTION

5장) 주목할 웹 3.0 시대의 기업

WEB 3.0
REVOLUTION

1장

웹의 탄생

웹 1.0,
온라인 세상이
열리다

웹 페이지를 읽고 방명록을 남기는 정도의 수준에서도 사람들은 웹 서비스라는 존재에 대해 감탄했다. 오프라인 세상이 전부였던 현실에 온라인 세상이 열렸기 때문이다. 이때 웹의 가능성을 알아본 선구자들은 이를 위한 기업을 세우고 각종 서비스를 만들기 시작했다.

우리에게 웹이란?

· · · · · · · · · · · · · · · · · · ·

웹Web이란 무엇인가? 웹 3.0을 이야기하기 전에 이제는 너무나도 익숙한 용어인 '웹'의 기본 개념을 정리할 필요가 있다. 월드와이드웹 (WWW, World Wide Web)은 1990년 유럽 입자 물리 연구소의 공학자였던 팀 버너스 리Tim Berners-Lee가 개발했다. 원래 이는 문서 분실을 방지하고, 신속한 정보 교환을 위한 데이터베이스를 구축하고, 전용 소프트웨어(웹 브라우저)로 사용할 수 있도록 만드는 것이 목적이었다. 하지만 이후 월드와이드웹은 인터넷을 사용하는 모든 공간을 일컫는 의미로 발전했다.

우리가 '인터넷을 사용한다'고 할 때의 인터넷은 'TCP/IP 프로토콜(Transmission Control Protocol/Internet Protocol)을 사용해 정보를 주고받는 네트워크' 자체를 의미한다. 따라서 우리는 사실상 인터넷을 하는 것이라기보다 웹을 이용한다고 말할 수 있다. 웹 서핑Web Surfing은 웹페이지를 이곳저곳 이동하면서 보는 것을 의미하는데 우리가 컴퓨터나 스마트폰에서 화면을 계속 넘겨보는 것이 이에 해당한다.

우리가 앞으로 이 책에서 다룰 웹이 구동되는 주요 요소를 우선 확인해보자. 웹 브라우저Web Browser와 웹 서버Web Server, 이 두 가지 핵심 요소에 대해 이해해야 한다. 웹 브라우저는 '클라이언트Client'로 불리며, 웹 서버는 '서버Server'로 명명한다. 우리는 PC나 스마트폰에서 크롬Chrome이나 엣지Edge, 사파리Safari와 같은 웹 브라우저를 열어 특정 웹 사이트를 방문하거나 앱 서비스를 이용한다. 기사를 클릭해 읽거나 상품을 장바구니에 담는 등 버튼을 누르면 해당 정보가 서버에 전달된

---> 웹 세상은 정보를 요청하는 클라이언트와 정보에 응답하는 서버로 구성되어 있다.

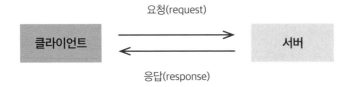

다. 그러면 서버는 요청받은 정보를 꺼내 보여주거나 물건을 찾아 담는 등의 행위를 진행한다. 웹 세상은 정보를 요청하는 클라이언트와 정보에 응답하는 서버로 구성되어 있다. 이 두 가지 요소만 기억하면 웹의 기본 구조는 이미 익힌 셈이다.

오직 '읽기'만 가능한 인터넷

초창기 웹은 지금과는 사뭇 다른 양상을 보였다. 당시의 웹은 단순한 정보 열람과 저장의 역할을 수행했다. 초기에 개발된 웹 브라우저와 웹 서버, HTTP, HTML과 같은 기술은 누구나 사용할 수 있는 개방성을 기반으로 성장했다. 웹 1.0은 단순하고 정적인 웹 사이트를 특징으로 하는데, 1999년 다르시 디누치Darci DiNucci가 '웹 2.0'이라는 용어를 만들기 전까지는 존재하지 않던 용어였다.

당시 웹 1.0은 사용자 데이터를 따로 저장하지 않아 데이터를 수집하거나 분석하는 것이 불가능했고, 요즘 인터넷 같은 강력한 프로토콜이나 플랫폼도 없었다. 표준화된 프로토콜이 없다 보니 그야말로 '읽는 것' 외에는 할 수 있는 게 없었다. 지금처럼 온라인으로 쇼핑하거나 결제하는 것은 상상도 못 할 일이었다.

정적 페이지는 웹 사이트의 방문자가 취하는 행동에 따라 변경되는 대화형 기능을 제공하지 않았다. 그래서 웹 1.0 시대의 웹 사이트는 대부분 정보 제공용에 그쳤다. 또한, 웹 사이트와 서버들의 호환성이 낮아 웹 사이트에 지원되지 않는 브라우저를 사용하는 경우 특정 웹 사이트는 열람할 수 없었다. 웹 서버도 지원 가능한 경우와 그렇지 않은 경우가 있었다. 게다가 콘텐츠 생산자나 서비스 제공자도 웹 사이트를 만들기 위해 서버에 대한 액세스, 프로그래밍 등과 관련해 IT 개발에 대한 전문적인 지식이 필요했다. 그래도 누구나 웹 페이지를 올릴 수 있었고, 누구나 브라우저만 있으면 접속할 수 있었다. 이것은 엄청난 혁신이었다.

웹 1.0은 모뎀^{Modem}이라는 유선 음성 전화망을 이용하는 전화 접속이 주를 이루었다. 그러나 전화 접속의 속도는 긴 연락처 목록을 불러오기에 너무 느렸고, 그 때문에 당시 인기 있던 서비스 중 하나는 방명록이었다. 웹 사이트의 전반적인 성능을 저해하지 않으면서 사용자가 의견을 남기고 이를 다른 사람이 볼 수 있는 서비스는 소셜 활동과 커뮤니케이션 욕구에 대한 효율적인 솔루션이 되었다. 웹 페이지를 읽고 방명록을 남기는 정도의 수준에서도 사람들은 웹 서비스라는 존재에 대해 감탄했다. 오프라인 세상이 전부였던 현실에 온라인 세상이 열렸기 때문이다. 이때 웹의 가능성을 알아본 선구자들은 이를 위한 기업을 세우고 각종 서비스를 만들기 시작했다.

···➢ 웹 1.0시대의 웹은 대화형 기능을 제공하지 않아 주로 정보 제공용으로 쓰였다. 방명록 기능이 인기 있었으며 이 시기에 검색 서비스가 탄생했다.

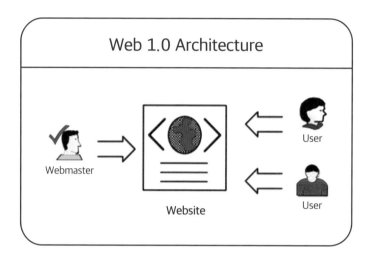

그중 대표적인 것이 검색 서비스다. 지금 우리는 구글Google, 네이버와 같은 검색 및 포털 사이트에서 쉽게 자료를 검색하고 다양한 자료를 꺼내 볼 수 있다. 만약 이런 검색 엔진과 같은 서비스가 없었다면 정보를 원하는 사람들은 파일 하나하나를 뒤져가며 아주 오랫동안 자료를 찾아야 했을 것이다. 이런 불편함을 해소하기 위해 탄생한 검색 서비스는, 개인들의 PC에 쌓인 자료들을 '인터넷'을 통해 연결해 열람할 수 있게 했다.

지금까지 생존한 웹 1.0시대의 기업

·····································

웹 1.0 시대인 1990년대 초반에 탄생한 기업으로는 웹 브라우저 넷스케이프 Netscape, 검색 엔진 야후 Yahoo와 알타비스타 Altavista, 이커머스의 시초인 이베이 eBay와 아마존 Amazon 등이 있다. 현재 검색 서비스인 넷스케이프와 알타비스타는 사라졌지만, 1990년대 후반에 탄생한 구글이 그 자리를 채웠다.

1990년부터 2005년까지 약 15년 동안 수많은 IT 기업이 탄생했고 사라졌다. 이때 살아남아 '플랫폼'으로 진화한 아마존, 구글, 알리바바 Alibaba 등은 이후 웹 2.0 시대를 주름잡았다. 2005년 전후로 탄생한 페이스북 Facebook과 유튜브는 웹 1.0에서 웹 2.0으로 가는 전환기에 등장했다.

페이스북과 유튜브는 콘텐츠 생산자와 소비자가 명확했던 시대에 소비자도 생산자가 되는 시대의 문을 열었다. 이는 웹 2.0의 시작이자 웹 1.0 시대의 끝을 알렸다. 웹 1.0 시대는 콘텐츠 생산자와 소비자가 명확히 구별되는 특성을 보인다. 생산자가 만든 콘텐츠를 소비자가 일방적으로 소비하는(읽는) 것이 웹 1.0이다. 하지만 사람들은 점차 소셜 활동과 커뮤니케이션, 그리고 창작에 대한 욕구를 드러냈다. 웹 2.0과 같은 소셜 기반 서비스와 플랫폼, 크리에이터의 시대가 열리는 것은 당연한 수순이었다.

웹 1.0 시대에 태어나 현재까지도 명맥을 유지하고 있는 구글, 아마존, 이베이, 페이스북 등은 그 기업의 가치를 일찍이 알아본 초기 투자자들에게 어마어마한 부를 안겨줬다. 그들이 웹 2.0이라는 패러다임 변화에도 무너지지 않고 플랫폼 형태로 진화하는 데 성공했기 때문이다. 지금 우리가 지나고 있는 웹 2.0에서 웹 3.0으로의 전환기에도 무한한 기회가 잠재되어 있다. 웹 3.0 시대의 주인공이 될 신생 기업, 변신을 통해 다시 한번 폭발적으로 성장할 웹 2.0 기업들이 움직이고 있다. 우리는 웹 1.0에서 웹 2.0으로 넘어가던 지난 시기를 거울삼아, 다시 찾아온 웹 전환기라는 값진 기회를 잘 활용해야 할 것이다.

····> 웹 1.0시대에 탄생한 기업들의 초창기 웹 사이트. 이들은 웹 2.0시대에 플랫폼 기업으로 진화
했다. 순서대로 아마존, 구글, 페이스북이다.

출처_Amazon

출처_Google

출처_Thefacebook

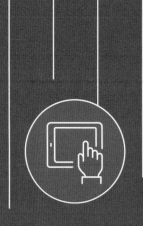

웹 2.0,
플랫폼 제국이
탄생하다

페이스북, 트위터 등 다양한 소셜 미디어가 콘텐츠 제작자와 사용자의 커뮤니케이션을 증폭시켰다. 웹 2.0단계에서 '읽기'와 '쓰기'가 동시에 가능해지면서 비로소 사용자 중심의 생태계가 탄생한 것이다. 웹 2.0에서는 콘텐츠 생산자가 동시에 소비자가 된다. 소비자는 동시에 콘텐츠 생산자가 된다.

커뮤니케이션의 장이 펼쳐지다

검색을 통해 자료를 열람하는 웹 1.0 시대를 지나 적극적인 참여, 공유, 커뮤니케이션이 가능한 웹 2.0 시대가 열렸다. 이제 누구나 콘텐츠를 생성하고 공유할 수 있게 됐고, 사용자 간 커뮤니케이션을 통해 지속적으로 콘텐츠와 데이터가 생겨나기 시작했다. 웹 2.0의 대표 콘텐츠로는 소셜 네트워크, 플랫폼 비즈니스, 댓글 및 메신저 서비스 등을 꼽을 수 있다. 각종 개발 도구가 등장하면서 누구나 편리하게 블로그나 웹 사이트를 제작할 수 있게 됐다. 웹 2.0은 다양한 온라인 도구와 플랫폼을 통해 사용자가 자신의 관점, 의견, 생각 및 경험을 공유할 수 있는 장을 제공함으로써 근본적인 변화를 가져왔다.

'웹 2.0'이라는 용어는 2000년대 초 팀 오라일리가 콘퍼런스에서 웹 2.0의 개념에 대해 논의한 후 알려지기 시작했다. 이 용어는 사람들이 웹 2.0이 인류에게 제공할 가능성에 대한 환상을 가지며 유행어가 되었다. 웹 3.0이 유행어처럼 번지기 시작한 현재 상황과 별반 다르지 않았다. 팀 오라일리는 웹 2.0을 '플랫폼으로서의 웹'으로 정의했으며, 이후 웹 2.0은 소셜 웹이나 민주주의 같은 용어로 표현되기도 했다.

밀레니얼 시대가 시작된 2000년을 전후로 웹 기술과 네트워크는 가파르게 발전했고 '읽기'와 '쓰기'가 모두 가능한 형태의 웹이 등장했다. 2000년대 초반 국내에서는 싸이월드, 다음 카페, 네이버 블로그 등이 나오며 본격적인 웹 커뮤니케이션이 시작됐다. 페이스북, 트위터 등 다양한 소셜 미디어가 콘텐츠 제작자와 사용자의 커뮤니케이션

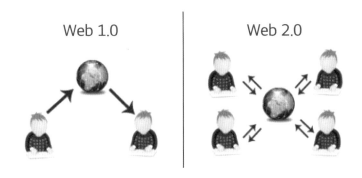

을 증폭시켰다. 웹 2.0 단계에서 '읽기'와 '쓰기'가 동시에 가능해지면서 비로소 사용자 중심의 생태계가 탄생한 것이다. 웹 2.0에서는 콘텐츠 생산자가 동시에 소비자가 된다. 소비자는 동시에 콘텐츠 생산자가 된다. 플랫폼 중심 비즈니스의 소비자는 읽는 동시에 쓰기도 한다. 쓰는 순간 탄생하는 콘텐츠는 다른 소비자에 의해 소비될 수 있다. 따라서 웹 2.0의 소비자는 읽고 쓰며 생산자가 되는 것이다.

사람들은 소셜 미디어, 양방향 소통 뉴스, 온라인 동영상 공유와 같은 새로운 기술을 사용하기 시작했다. 그러면서 점차 이것이 새로운 커뮤니케이션 방법이자 이전에는 생각할 수 없었던 아이디어를 공유하는 방법이라는 것을 깨달았다. 기술의 발전으로 웹 2.0 시대에는 댓글 형식의 사용자 생성 콘텐츠, 콘텐츠를 저장하기 위한 데이터베이스, 고성능의 웹 서버 등이 등장했고, 소셜 미디어가 폭발적인 성장을 이뤘다.

페이스북에서 카카오톡, 넷플릭스까지

2005년을 전후로 페이스북, 유튜브, 트위터 등 우리가 익히 아는 기업들이 탄생했다. 지금은 메타버스의 선두주자로 꼽히는 로블록스 Roblox와 뉴스 웹 사이트인 레딧 Reddit, 사진 공유 서비스인 핀터레스트 Pinterest, 음악 공유 서비스인 사운드클라우드 SoundCloud 등도 모두 이 시기에 시작됐다. 그 외에도 현재 우리가 사용하는 대부분의 서비스가 웹 2.0 시대에 탄생했다. 인스타그램 instagram을 비롯해 틱톡 TikTok, 스냅챗 Snapchat 등 소셜 미디어 서비스와 카카오톡, 슬랙 Slack, 디스코드 Discord와 같은 각종 메신저 서비스도 모두 웹 2.0이 가장 번창한 2010년대에 생겨났다.

웹이 매일 무엇을 위해 주로 사용되는지 생각해보면 우리가 얼마나 웹 2.0 서비스에 푹 빠져 있는지 알 수 있다. 우리는 페이스북과 인스타그램으로 일상을 공유하고, 구글과 네이버에서 검색어를 입력해 정보를 찾아본다. 각종 카페와 게시판, 모바일 앱 서비스에 글을 올리고 다른 사람의 글을 읽는다. 유튜브와 틱톡 등에서 영상을 시청하고 직접 만들기도 한다. 인터넷으로 돈을 빌리고 상품을 결제한다. 또한 RPG부터 캐주얼 게임까지 셀 수 없을 정도로 많은 종류의 온라인 게임을 즐길 수 있다. 지금 우리가 누리고 있는 모든 IT 기반 서비스는 웹 2.0 시대의 산물이다.

여기서 중요한 사실은 웹 2.0이 이전 버전인 웹 1.0과 완전히 분리된, 새로운 유형의 인터넷이 아니라는 점이다. 오히려 웹 2.0은 기존

인터넷의 발전을 의미한다. 웹 1.0이 없었다면 웹 2.0은 존재할 수 없었을 것이다. 웹 2.0은 기존 인터넷의 단점을 보완하고 사람들이 웹과 인터넷에 더욱 몰려들 수 있도록 개선과 업데이트가 이루어진 형태라고 볼 수 있다.

데스크톱과 노트북 등 PC를 중심으로 성장하던 웹 2.0 시대는 2007년 이후 스마트폰의 탄생과 더불어 전성기를 맞았다. 만약 스마트폰과 모바일 환경이 없었다면 웹 2.0이 지금과 같이 성장할 수 있었을까 싶을 정도로 그 변화는 결정적이었다.

웹 2.0의 전성기를 일으킨 모바일

웹 2.0 초기 대부분의 콘텐츠와 서비스는 웹 사이트에서 출발했지만, 이후 모바일 환경이 등장하며 사용자 간 상호작용을 증폭시켰다. 유튜브, 넷플릭스^{Netflix}, 틱톡과 같은 서비스는 모바일 환경을 중심으로 확장하면서 더 많은 데이터와 커뮤니케이션을 만들어냈다. 정적이었던 웹은 빠르게 동적인 웹으로 변화했다. 웹 2.0은 서로 다른 사이트와 모바일 앱 사이에서 콘텐츠의 상호운용성을 더욱 강화하기 시작했다.

웹 2.0에서 소셜 미디어 및 네트워킹 서비스가 크게 성장한 것도 모바일과 무관하지 않다. 데스크톱이나 노트북 같은 PC 환경은 이동성이 떨어진다. 스마트폰의 등장으로 이동하면서 웹 서비스를 사용할 수 있게 되자 웹 2.0은 언제 어디서나 사용자에게 서비스를 제공할 수 있게 됐다. 사용자는 손에서 스마트폰을 놓지 않는 한 웹에 연결될 수 있게 되었고, 손에서 놓는 순간 금방 불안에 떨거나 알림을 확인해야 하는 지경에 이르렀다.

모바일 시대는 현재까지 10년 이상 이어져오고 있는데, 그동안 세상은 모바일 중심으로 바뀌었다. 웹 2.0 시대는 사실상 모바일 시대라고 불러도 무방하다. 아예 처음부터 모바일 앱을 통해 모바일을 중심으로 서비스를 제공하는 경우도 많다.

스마트폰의 성능이 점차 좋아지고 화면이 커지는 것도 모바일 시대의 요구 사항이다. 이미 일정 부분 PC를 대체하기 시작한 스마트폰

╌╌▷ 스마트폰이라는 폼 팩터의 등장 이후 10년 이상 모바일 시대가 이어지고 있다. 모바일 환경은
     사용자 간 상호작용을 증폭시키며 웹 2.0의 전성기를 이끌었다.

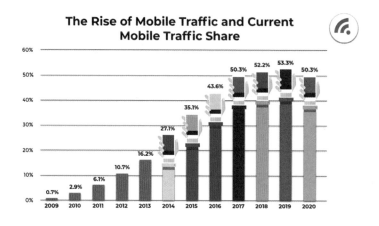

은 더 많은 정보를 읽고, 쓰고, 보기 위해 화면이 커졌고 심지어 접히
는 형태로까지 발전했다. 디지털카메라 수준에 근접할 정도로 성능이
좋아진 카메라도 양질의 콘텐츠를 만드는 데 한몫했다. 스마트폰이라
는 폼 팩터 form factor (제품의 물리적 외형)는 더 많은 사용자가 더 오랜 시
간 웹에 접속하게 했다. 그러나 그로 인해 생성된 막대한 데이터는 사
용자가 아닌 서비스 회사로 흘러들어갔다.

웹 2.0의 풀지 못한 숙제
· ·

페이스북, 구글, 트위터, 네이버, 카카오 등 대부분의 IT 회사는 더
나은 콘텐츠를 제공할 수 있도록 사용자 데이터를 서버에 저장하기

시작했다. 덕분에 데이터를 분석해 개인화 추천이 가능해졌고, 사용자 정보와 취향에 기반한 맞춤형 서비스를 개발할 수 있게 됐다. 사용자가 생성한 데이터와 콘텐츠가 웹 생태계의 핵심으로 자리 잡은 것이다. 결과적으로 사용자는 그들의 웹 사이트, 모바일 서비스에 더 오래 머물게 됐고, 회사는 더 많은 광고 수익을 벌어들일 수 있었다.

문제는 이러한 데이터가 온전히 콘텐츠 생산자에게 돌아가지 못하고 중앙화된 웹 2.0의 IT 기업 것이 됐다는 점이다. 거대 IT 기업들은 개인 정보와 개인이 생성하는 데이터가 귀중한 자산이라는 사실을 인식했다. 페이스북과 구글, 아마존 같은 거대 플랫폼 기업들은 중앙화 서버에 데이터를 모았고 그것을 높은 가격에 판매해 막대한 이익을 얻었다. 회사는 광고주에게 사용자 정보를 판매하기도 하고 직접 그것을 활용해 비즈니스를 확장해나갔다. 이렇듯 중앙화된 서비스는 사용자에게 큰 편의성을 제공했지만, 사용자의 콘텐츠와 데이터에 대한 정당한 가치와 소유권을 제대로 인정하지 않았다.

보안 문제도 있다. 현재 우리는 정보를 저장하고 처리하는 중앙 서버와 중앙 집중식 버전의 인터넷을 사용한다. 이러한 인터넷 모델이 반드시 나쁜 것은 아니지만, 중앙화된 모델은 서버 오작동 및 사이버 공격에 취약하다. 게다가 중앙 집중식 인터넷을 사용하면 소규모 그룹이 네트워크 내의 모든 정보를 한 번에 보관할 수 있어 위험에 노출될 수 있다. 지금은 클라우드 기반의 서비스로 전환이 이어지고 있지만, 여전히 많은 회사가 중앙화 구조의 서버를 사용하고 직접 관리한다.

웹 2.0에서는 사용자가 데이터나 저장 방법을 제어하기 어렵다. 실제로 기업들은 사용자의 동의 없이, 혹은 교묘한 약관을 통해 데이터를 수집해 활용했다. 결국 데이터 주권은 사용자가 아닌 플랫폼에서 독점하는 구조로 완성됐다. 웹 3.0은 이러한 구조를 근본적으로 바꿀 수 있다는 가정에서 시작한다.

- 웹의 시초는 1990년 팀 버너스 리가 개발한 월드와이드웹이다.

- 웹 1.0 시대의 웹은 대화형 기능을 제공하지 않아 주로 정보 제공용으로 쓰였다. 방명록 기능이 인기 있었으며 이 시기 검색 서비스가 탄생했다.

- 구글, 아마존, 이베이, 페이스북 등의 기업은 웹 1.0 시대에 탄생해 현재까지 명맥을 유지하고 있다.

- 웹 1.0에서는 일방향적 정보 전달과 열람이 이뤄졌지만, 웹 2.0에서는 쌍방향 소통이 일어나는 웹 커뮤니케이션이 본격화됐다.

- 웹 2.0 시대에는 소셜 네트워크, 플랫폼 비즈니스, 댓글 및 메신저 서비스 등이 등장해 폭발적인 성장을 이루었다.

- 스마트폰의 탄생과 모바일 환경의 등장은 웹 2.0의 전성기를 일으켰다. 정적인 웹이 동적인 웹으로 바뀌며 콘텐츠의 상호운용성이 강화되었고, 더 많은 커뮤니케이션이 일어났다.

- 중앙화된 웹 2.0에서는 사용자의 콘텐츠와 데이터에 대한 정당한 가치와 소유권이 제대로 인정되지 않았다.

- 중앙 집중식 버전의 인터넷은 서버 오작동 및 사이버 공격에 취약하다. 현재 클라우드 기반의 서비스로 전환이 이루어지고 있지만 여전히 많은 회사가 중앙화 구조의 서버를 이용한다.

- 플랫폼 기업이 데이터 주권과 이익을 독점하는 웹 2.0의 구조를 근본적으로 바꾸려는 시도가 일어났고, 그것이 웹 3.0의 시작이 되었다.

WEB 3.0
REVOLUTION

웹 3.0은 미래를 어떻게 바꿀 것인가

웹 3.0,
디지털 대전환이
일어나다

결국 웹 3.0시대는 기존 웹 2.0시대를 거치며 구축된 '플랫폼 경제'를 어떻게 '프로토콜 경제'로 변화시킬 것인가라는 물음에 함께 답을 찾아가는 과정이 될 것이다. 웹 2.0기업이 웹 3.0시대로 넘어가려면 개방, 탈중앙, 소유와 같은 핵심 요소를 받아들여야 한다.

웹 3.0이란 무엇인가?

....

우리는 현재 웹 2.0 시대에 살고 있다. 페이스북과 인스타그램, 유튜브와 틱톡, 넷플릭스와 같은 플랫폼 중심의 서비스 시대다. 아마존, 쿠팡 등의 이커머스는 물론 모바일 뱅킹과 음악 스트리밍 서비스에 이르기까지 우리 일상생활 대부분을 차지하는 IT 기반 서비스는 웹 2.0 시대를 대표한다. 웹 2.0은 다양한 콘텐츠와 서비스를 사용자에게 제공하고 있다. 하지만 IT 기술에서 가장 중요한 요소인 '데이터'는 사용자가 소유하지 못한다. 대부분의 데이터는 그것을 생산해낸 주체인 사용자가 아니라 거대 플랫폼에서 소유한다.

웹 3.0은 이러한 웹 2.0의 구조를 바꾸려는 하나의 시도이며 인터넷 세상의 새로운 시대를 열어줄 것으로 여겨진다. 물론 웹 3.0이 옳은 웹 진화 방향인지에 대해서는 아직 더 많은 논의가 필요하다. 과연 웹 3.0은 웹 2.0보다 더 나은 세상을 열어줄 수 있을까?

월드와이드웹의 창시자이자 인터넷의 아버지로 불리는 팀 버너스 리는 웹 3.0을 시맨틱 웹Semantic Web으로 정의했다.[2] 시맨틱 웹이란 기계가 인간처럼 학습해 인간의 사고방식에 따라 데이터를 처리하는 웹을 의미한다. 이는 마치 현재의 인공지능이 웹에서 동작하는 것과 유사하다. 팀 버너스 리는 2019년 진행된 월드와이드웹 30주년 기념 인터뷰에서 현재의 웹은 제 기능을 하지 못하고 있다고 말하며, 사용자의 데이터가 조작되고 유출되는 사태를 우려했다.

사실 지금 통용되는 웹 3.0의 개념이 시맨틱 웹과 일치하지는 않지만 그 방식은 유사하다. 웹 3.0에서는 맞춤형 정보를 제공하는 개인화된 웹 기술이 구현 가능하기 때문이다. 하지만 과거 웹 3.0의 개념과 다르게 지금의 웹 3.0은 더 포괄적인 의미를 담고 있다. 암호화폐 기반의 경제체제와 디지털 자산, 가상세계 등이 모두 웹 3.0을 구성한다. 실리콘밸리의 유명 벤처캐피털 앤드리슨 호로위츠Andreessen Horowitz(a16z)의 총괄 파트너이자 웹 3.0 전파자인 크리스 딕슨Chris Dixon 은 웹 3.0에 대해 '사용자와 생산자가 토큰을 기반으로 공동소유하는 인터넷'이라고 정의했다.[3] 이런 웹 3.0은 NFT, 암호화폐, 스마트 콘트랙트, DAO(탈중앙화 자율조직), 디파이 등의 개념을 모두 포괄한다.

웹 3.0의 개념은 웹 1.0이 웹 2.0 시대로 전환되기 시작했던 2000년대에 이미 존재했다. 새로운 미래를 꿈꾸는 사람들이 IT 대기업과 플

┈┈> 월드와이드웹의 창시자 팀 버너스 리. 웹 3.0을 시맨틱 웹으로 정의했다.

출처_flickr

랫폼이 독점하는 힘(데이터)이 진짜 소유자인 사용자에게 돌아가는 구조를 상상하기 시작한 것이다. 하지만 과거에 정의된 웹 3.0이 단순히 미래의 새로운 웹 생태계라는 관점에서 접근한 것이었다면, 현재의 웹 3.0은 보다 구체적인 정의가 존재한다. 웹 3.0은 웹 2.0의 가치에 '소유'라는 개념을 추가한다. 웹 3.0에서는 콘텐츠와 사용자가 상호 작용하는 것에 그치지 않고 이 과정에서 생성된 데이터와 디지털 자산을 온전히 소유하는 데까지 나아가는 것이다.

이더리움ETH, Ethereum의 공동 개발자였던 개빈 우드Gavin Wood는 웹 3.0을 '애플리케이션 제작자들이 쉽게 개발할 수 있도록 돕는 프로토콜의 묶음'이라고 말했다.[4] 프로토콜은 약속, 규약 등을 의미하는 단어로 '컴퓨터 간 데이터의 교환 방식을 정의하는 표준화된 절차나 규칙'

⋯⋗ 이더리움의 공동 창시자 개빈 우드. 웹 3.0을 지지하는 대표적 인물이다.

을 의미한다. 개빈 우드는 이를 '빌딩 블록^{Building Block}'이라고 불렀는데, 빌딩 블록은 기존 웹 기술을 대체하는 새로운 방식으로 사용자는 이를 통해 정보가 어떻게 전달되고 그 대가는 얼마큼인지 알 수 있게 된다고 밝혔다.

웹 3.0에서 탄생하는 프로토콜은 블록체인 기반의 암호화폐로 자체적인 경제체제를 구축할 가능성이 크다. 프로젝트에 참여하고 기여하는 모든 사람에게 보상으로 인센티브(토큰)를 제공하기 때문이다. 이러한 프로토콜은 과거 공급자가 제공한 컴퓨팅, 저장 공간, 호스팅 등 웹 관련 서비스를 대체할 수 있다. 결국 웹 3.0 시대는 기존 웹 2.0 시대를 거치며 구축된 '플랫폼 경제'를 어떻게 '프로토콜 경제'로 변화시킬 것인가라는 물음에 함께 답을 찾아가는 과정이 될 것이다.

웹 2.0을 뛰어넘을 새로운 패러다임?

기업에 집중된 권한과 소유권을 사용자에게 배분하는 방식은 웹 3.0의 본질이다. 이제는 빅테크 기업의 서버가 아니라 참여하는 모두가 사용자의 데이터를 저장하고 관리한다. 운영 규칙 또한 해당 기업이나 인터넷 사업자가 아니라 사용자가 직접 결정한다. 이때 사용자는 콘텐츠를 만들거나 데이터를 제공하면서 생태계를 성장시키고 '경제적 이익'을 얻을 수 있다.

웹 2.0이 중앙화되어 있었다면, 웹 3.0은 탈중앙화 기반의 새로운 웹을 꿈꾼다. 탈중앙화된 상태에서만 구현할 수 있는, 기존에는 불가능했던 서비스나 제품이 탄생할 수 있는 것이다. 예를 들어 탈중앙화된 금융 '디파이'는 은행 등 중앙화된 금융기관 없이 기존 중앙화 금융 시스템이 제공 가능한 서비스보다 훨씬 많은 서비스를 만들 수 있다. 이에 대해서는 4장에서 자세히 설명할 예정이다.

웹 3.0은 중개자를 스마트 콘트랙트와 같은 프로그램화된 소프트웨어로 대체하고 누군가의 간섭 없이 새로운 자본주의를 만들 수 있다. 웹 2.0도 자본주의의 표상이지만 웹 3.0은 웹 2.0보다 더욱 자본주의적이다. 중개자나 플랫폼 사업자 없이 소비자와 공급자 사이를 더 직접적으로 연결해 수익을 나누거나 거래하기 때문이다.

최근 트렌드를 보면 '웹 3.0=블록체인' 식으로 단순화해 블록체인을 웹 3.0의 전부로 여기는 경향이 있다. 2021년에 불었던 암호화폐 상승장과 NFT 등 블록체인 관련 이슈가 널리 알려지며 웹 3.0이 부상했기 때문이다. 하지만 웹 3.0은 그보다 더 포괄적 개념이다. 블록체인은 주로 웹 3.0 내의 디지털 기반 경제체제나 DAO와 같은 새로운 구조에 필요한 인프라와 프로토콜을 제공하는 역할을 맡는다(물론 월렛이나 NFT 등 사용자를 위한 레이어도 제공한다).

웹 3.0에서 탄생한 새로운 서비스와 규칙에는 NFT와 같은 디지털 자산, 중앙화 거래소 없이 암호화폐를 거래할 수 있는 탈중앙 거래소(DEX), 디파이, DAO 등이 있다. 메타버스로 구현된 가상세계와 딥러닝과 같은 인공지능 기술, 클라우드 컴퓨팅, 게임을 하며 보상을 획득하는 P2E(Play to Earn) 모델도 모두 웹 3.0에 포함된다. 이런 웹 3.0의 핵심 서비스와 기술은 뒤에서 상세히 다룰 예정이다.

⋯⋙ 블록체인은 웹 3.0 내 디지털 경제체제나 새로운 탈중앙 구조에 필요한 인프라를 제공한다. 하지만 블록체인을 웹 3.0의 전부로 여기는 것은 본질을 벗어난 것이다.

　　따라서 웹 3.0이라는 시대적 방향에서 새로운 시도가 가능하도록 블록체인을 활용하는 것이지, 블록체인과 암호화폐가 웹 3.0의 전부라고 생각하면 안 된다. 그건 웹 3.0의 일부만 바라보는 것과 같다. 웹 3.0에는 웹 기술, AI, AR/VR을 비롯한 메타버스의 기술적 요소 외에도 민주주의나 자본시장에 대한 내용도 포함된다. 기술의 관점에서 한발 뒤로 물러나 보면 웹 3.0의 핵심에는 인문학적인 요소가 더 크게 작용할 수도 있다. 인간의 보상심리와 관련된 행동, 평등과 대립 등의 가치 역시 웹 3.0의 중요한 축이다. 결국 기술은 도구이며 본질은 사람에게 있다.

앞으로 15년, 웹 3.0의 시대가 온다!

정확한 기간을 구분하긴 어렵지만 많은 자료에서 웹 1.0 시대를 1990년부터 2000년대 중반까지, 웹 2.0 시대를 2000년대 중반부터 2020년대 초반까지로 본다. 공교롭게도 각 웹 시대는 약 15년 정도였는데, 비슷한 관점에서 웹 3.0 역시 앞으로 약 15년간 이어질 것으로 보인다. 각 웹 시대의 초반 5년은 전환기로 볼 수 있다. 초기와 전환기 시점에 많은 기업이 탄생하고 새로운 기술과 서비스를 테스트한다. 이후 10년은 초기 5년보다 더 많은 기업이 등장해 해당 시대를 성숙한 시장으로 이끈다.

물론 웹 시대가 바뀐다고 해서 갑자기 이전 시대가 사라지고 한 번에 전환이 이루어지지는 않는다. 웹 2.0 시대에도 웹 1.0 서비스와 기업은 존재했었다. 다만 사용자의 관심과 매출은 만들기 어려웠다.

웹 3.0의 시작이 이미 2020년부터 이뤄졌는지, 다가올 2023년부터인지는 정확히 알 수 없다. 하지만 변화에 시기가 중요한 것은 아니다. 시대가 바뀌는 흐름에 얼마나 많은 기업과 사용자가 관심을 두고 여기에 참여하느냐가 관건이다. 2000년대 후반, 아이폰iPhone을 비롯한 스마트폰과 모바일 생태계가 등장해 웹 2.0 시대의 관심을 폭발시켰던 것처럼 말이다.

그렇다면 웹 3.0 시대는 어떻게 될 것인가에 대한 궁금증이 생긴다. 웹 1.0 시대에 탄생한 아마존, 페이스북, 구글, 유튜브 등이 웹 2.0 시대에 더욱 성장한 것처럼 웹 2.0 시대에 탄생한 기업과 서비스가 웹 3.0 시대에서 더욱 번창할까?

웹의 전환기별 대표 기업. 웹 1.0시대에는 구글과 야후 등 검색 엔진이 탄생했고, 웹 2.0시대에는 인스타그램, 틱톡 등 소셜 미디어 플랫폼이 두각을 드러내고 있다.

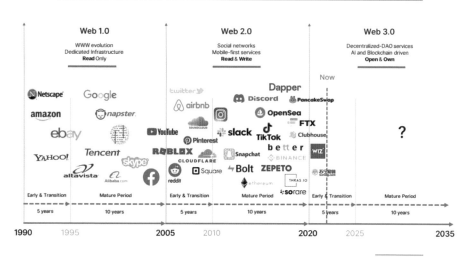

웹 2.0은 기존 웹 1.0의 '읽기(Read)'라는 핵심에 '쓰기(Write)'를 더했다. 웹 3.0은 읽기와 쓰기는 기본이며 여기에 '개방(Open)'과 '소유(Own)'가 추가된다. 웹 2.0 시대 대부분의 기업은 중앙화된 서비스를 제공하는 플랫폼 기업이다. 따라서 웹 2.0 기업이 웹 3.0 시대로 넘어가려면 개방, 탈중앙, 소유와 같은 핵심 요소를 받아들여야 한다.

2010년대 후반인 2017~2020년에 블록체인이 떠오르며 암호화폐와 NFT 등 디지털 자산을 다루는 기업들이 등장했다. 여기에 더해 앞으로 대략 2025년까지는 웹 3.0 시대를 준비하는 기술이 개발되고 이와 관련한 서비스와 기업이 무수히 생겨날 것이다.

┈┈> 웹 3.0은 블록체인, 암호화폐, 디파이, NFT, 메타버스, DAO, 탈중앙 거래소 등을 모두 포함하
는 폭 넓은 개념이다.

출처_TyCooper

웹 3.0시대를 관통할
비즈니스 키워드 3

웹 3.0은 중앙화된 거대 플랫폼과 경제체제를 사용자에게 돌려준다는 의미
를 갖는다. 권력이 기업에게서 개인과 커뮤니티로 의미 있게 이동하는 것이다.

기업의 생존이 달린 웹 3.0
....

인터넷의 진화는 중앙화와 탈중앙화(파편화) 사이의 줄다리기 형태로 계속 이어져왔다. 그래서 설령 웹 3.0이 대세가 되더라도 웹 2.0에서 탄생한 서비스가 계속 존재하며 비즈니스를 유지할 수도 있다. 웹 3.0 시대에는 웹 3.0의 핵심 요소를 품고 태어난 웹 3.0 네이티브 기업과 기존 웹 2.0 서비스에 일부 웹 3.0 요소를 반영한 기업, 그대로 웹 2.0의 형태를 유지하는 기업, 이렇게 셋으로 구분될 것이다.

① 웹 3.0 네이티브 기업

웹 3.0 네이티브 기업은 블록체인 인프라와 암호화폐를 태생적으로 포함한 서비스, 조직 문화, 인프라를 가지고 있다. DAO와 같은 탈중앙 조직 구조를 기반으로 비즈니스를 만들어 웹 2.0 시대의 기존 플랫폼 기업과는 다른 모습을 보인다. 회사의 급여는 암호화폐로 지급하고 기업의 전략 방향이나 서비스는 투표를 통해 결정하는 구조를 꿈꾼다. 이러한 기업에는 리더가 없다. 궁극적으로 기업의 직원은 물론 기업이 만든 서비스의 사용자 모두가 의사결정 과정에 참여할 수 있다.

웹 2.0 시대에는 기업의 주식을 소유한 주주라고 할지라도 기업의 서비스 방향이나 전략의 결정에는 참여할 수 없었다. 모든 의사결정은 기업이 직접 내린다. 하지만 웹 3.0 네이티브 기업은 이러한 구조에서 벗어나 기업과 참여자(암호화폐 및 투표권 보유자)가 함께 일종의 커뮤니티를 이뤄 함께 의사결정을 한다. 물론 이와 같은 구조는 너무나 이상적으로 보인다. 아직 완벽히 이러한 형태의 구조를 갖춘 기업이나 조직은 나오지 않았다. 앞으로 웹 3.0 네이티브 기업에서 완전한 탈중앙 구조로 이루어진 모델이 실제로 나온다고 하더라도 얼마나 지속될 수 있을지는 지켜봐야 할 것이다.

② 웹 3.0 요소를 받아들인 웹 2.0 기업

앞으로는 웹 2.0 서비스에 웹 3.0 요소를 일부 반영하는 기업이 가장 눈에 띄게 증가할 것이다. 이미 게임 업계는 이러한 방식으로의 전환을 선언하는 추세다. 기존 게임에 NFT를 도입하는 것은 기본이고, 웹 3.0 환경에서 가능한 다른 요소도 추가하기 시작했다. 원래 게임사의 몫이었던 아이템이나 데이터도 사용자의 몫이 되었다. 사용자가 게임에서 획득한 재화를 실제 보상으로 받고 현금이나 다른 암호화폐로 교환할 수 있게 된 것이다.

게임사 입장에서는 웹 3.0 요소의 도입이 마냥 달가울 수 없다. 게임사의 몫을 사용자와 나눠야 하기 때문이다. 하지만 결국 게임 역시 그것을 즐기는 사용자가 중심이 되어야 하며, 그래야 게임을 매개로 새로운 콘텐츠를 만들 수 있다. 이렇게 모인 사용자는 하나의 커뮤니티, 즉 지지기반이 되어 향후 게임사의 지속가능한 게임 개발과 수익 창출에 도움이 된다.

다른 유명 테크 기업도 이미 웹 3.0으로의 전환과 도입을 발표했거나 계획 중이다. 구글의 CEO 순다르 피차이 Sundar Pichai는 2022년 처음 웹 3.0에 대해 언급하며 구글이 블록체인에 주목하고 있으며 그것은 강력한 힘을 지닌 기술이라고 말했다.[5] 유튜브 역시 크리에이터 생태계를 위해 NFT를 도입할 것을 고려하고 있다고 밝혔다. 결제 서비스 기업인 페이팔^{PayPal}은 자체 코인을 개발한다고 발표했고, 트위터는 이미 프로필 사진에 NFT를 연결하는 서비스를 제공하고 있다. 테크 기업뿐만 아니라 많은 기업이 웹 3.0을 활용하려는 전략을 보이고 있다. 예를 들어 거대 유통 기업 월마트^{Walmart}는 NFT와 암호화폐 개발은 물론, 메타버스로 구축한 가상 상점을 준비하고 있다.[6]

암호화폐를 개발하거나 사용하는 것은 웹 3.0의 아주 기초적인 부분이고 결국 탈중앙화 자율조직인 DAO를 도입하거나 가상현실과 연계된 경제체제를 만드는 단계까지 나아가야 한다. 이미 웹 2.0 형태로 구축된 서비스는 DAO를 표방한 투표 기능이나 기존에 없던 보상 체

⋯⋗ 구글의 CEO 순다르 피차이는 웹 3.0을 언급하며 구글이 블록체인에 주목하고 있으며 그것은 강력한 힘을 지닌 기술이라 말했다. 구글 역시 웹 3.0으로의 전환과 도입을 준비 중이다.

출처_BBC

계를 도입해 웹 3.0 요소를 추가할 수 있다. 사용자가 서비스나 제품의 방향을 결정할 수 있도록 커뮤니티의 힘을 활용하고 사용자가 활동한 만큼 서비스 수익을 나눠주는 것이다. 또한 사용자 데이터를 기반으로 NFT를 제작하거나 보유한 데이터 및 아이템의 판매, 수익화를 지원할 수 있다.

많은 기업이 기존 웹 2.0 서비스를 유지하면서 일부 기능과 서비스에 웹 3.0의 요소를 도입하려고 시도하고 있다. 이런 변화가 그들에게도 새로운 기회가 될 수 있기 때문에 웹 3.0으로의 전환은 앞으로 계속 늘어날 것이다.

③ 웹 2.0 체계를 유지하는 기업

기존 웹 2.0 형태를 유지하는 기업은 계속 같은 구조로 운영될 것이다. 지금 구조로도 충분히 수익을 내고 있으며, 안정적으로 비즈니스를 이어가고 싶은 기업은 웹 3.0을 받아들이려는 시도가 어려울 수 있다. 기업 입장에서는 굳이 여러 리스크를 감수하며 실행할 이유가 없다. 사용자 입장에서도 웹 2.0의 서비스가 충분히 효율적이고 편리하다 느껴진다면 굳이 웹 3.0이 필요하다고 생각하지 않을 것이다.

웹 2.0 시대에도 웹 1.0 시대에 탄생했던 서비스가 그대로 유지된 경우가 있었다. 웹 1.0 서비스가 지속적인 개선과 혁신을 거쳐 웹 2.0에서도 살아남고 많은 이가 사용하는 서비스로 성장한 사례도 많다. 웹 3.0 시대에도 웹 2.0 서비스의 상당수가 유지될 것이고, 오히려 웹 3.0 서비스와의 경쟁을 위해 기존의 강점을 강화하는 개선과 업데이트가 더욱 활발히 일어날 수 있다.

사실 사용자들은 웹 2.0이건 웹 3.0이건 하는 것에 별 관심이 없다. 중요하지도 않다. 어떤 서비스나 제품이 나의 부족한 부분을 채워주거나, 강력한 편리함을 제공하거나, 수익을 안겨주는 등의 가치가 있으면 그것을 원할 뿐이다. 웹 1.0 시대에서 웹 2.0으로의 전환이 가능했던 이유도 웹 2.0 시대의 서비스가 사람들에게 전에 없던 편리함과 가치, 효용성, 편의성 등을 제공했기 때문이다.

결국, 웹 3.0은 사람들이 달려들어 쓸 이유가 있는 서비스를 만들면 된다. 실행 속도가 빠르다거나 그래픽이 예쁘다거나 보상을 많이 주거나 데이터 소유권을 온전히 준다든가 하는 것이다. 아직 웹 3.0은 접근성이 낮다. 월렛 사용이나 암호화폐 교환 등에 필요한 지식은 장벽이 되고, 사용자 경험은 고려하지 않은 기술적인 인터페이스는 웹 2.0의 서비스보다 불편하다. 하지만 웹 2.0 시대 초기에 등장했던 UI(사용자 인터페이스), UX(사용자 경험)도 불편하기는 매한가지였다. 지금은 웹 3.0이 어떻게 하면 빨리 사용자 중심의 서비스를 제공할 수 있을지 많은 고민이 이루어지는 시기다. 앞으로는 간편하고 직관적인 사용자 친화적 서비스가 속속 등장할 것이다.

웹 3.0이 주도할 '디지털 혁신'

우리는 이미 웹 2.0 시대에 많은 혁신을 겪어왔다. 지금 우리가 사용하는 새롭고 놀라운 서비스들은 모두 혁신의 산물이다. 물론 지금도 계속해서 변화가 일어나고 있지만, 웹 3.0은 10년 넘게 이어져온 웹 2.0의 일부를 크게 혁신할 수 있다. 웹 3.0이 지닌 장점과 가능성을 알고 새로운 서비스의 탄생을 맞이하기 위해, 클레이튼 크리스텐슨 Clayton M. Christensen 교수가 강조했던 '파괴적 혁신(Disruptive Innovation)'을 잠시 살펴볼까 한다.

그는 이러한 유형의 혁신은 한 가지를 제외하고는 모든 면에서 별로지만 그 한 가지가 굉장히 중요해 시간이 지나면서 모든 면이 발전하고 결국 혁신이 받아들여지게 된다고 정의했다.[7] 과거 처음 개인용 컴퓨터(PC)가 탄생했을 때를 떠올려볼 수 있다. 당시 PC는 덩치도 크고, 서버용 컴퓨터나 슈퍼컴퓨터와 같은 다른 컴퓨터에 비해 느렸다. 하지만 PC는 한 가지 강력한 강점을 지니고 있었다. 저렴한 가격에 개인이 소유할 수 있었던 것이다. 이런 것이 파괴적 혁신이다.

웹 3.0의 대표적인 기술인 블록체인은 여전히 느리고 많은 리소스를 잡아먹고 효율성이 낮은 데이터베이스다. 하지만 다른 기술과 달리 '어느 누구도 블록체인 자체를 컨트롤할 수 없다'는 특징을 갖고 있다. 일반적으로 이것이 '탈중앙화'라는 용어로 대변된다. 현재 아마존, 페이스북, 페이팔, 트위터를 비롯한 많은 테크 기업의 서비스에서 생성된 데이터는 기업이 소유하고 있고, 이것은 그들의 권력이다. 기업은 누가 데이터를 생성하는지, 어디까지 그들이 열람할 수 있는지를 결정한다.

그러나 웹 3.0에서 사용되는 블록체인 기술은 중앙화 데이터베이스를 분산하고 사용자에게 돌아가도록 만든다. 그 데이터의 소유권은 데이터를 생성한 사용자에게 있다. 그래서 웹 3.0의 미래를 낙관적으로 예측하고 동의하는 사람들은 탈중앙화의 중요성을 강조하며, 웹 3.0의 진정한 힘은 여기서 나온다고 주장한다.

그럼에도 '웹 3.0은 100퍼센트 탈중앙화돼야 한다'라는 전제는 이 상적일 뿐이다. 이상과 현실은 분명히 다르다. 이상향을 꿈꿀 수는 있지만 비즈니스는 현실이다. 현재 블록체인에서 완벽히 탈중앙화된 서비스를 찾아보기는 쉽지 않다. 여전히 블록체인 거래소는 중앙화되어 있으며, 웹 3.0의 여러 서비스나 프로젝트는 창업자 혹은 만든 팀의 관리 하에 움직인다.

더 나아가 웹 3.0은 탈중앙화 추구와 별개로 사용자에게 매력적인 형태여야 한다. 웹 3.0의 핵심 가치는 웹 3.0 서비스나 프로젝트에 참여하는 '사용자'에게 있다. 웹 3.0의 성공은 사용자에게 얼마나 새로

⋯⋙ 웹 3.0은 웹 2.0시대와 달리 탈중앙화를 본질적 가치로 삼는다.

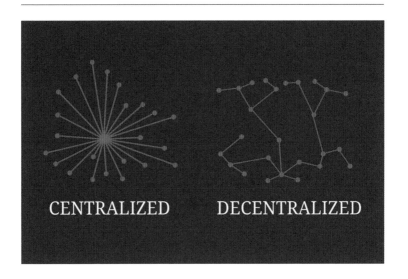

운 가치를 줄 수 있느냐에 달려 있다. 사용자를 만족시키는 주체는 탈중앙회된 서비스일 수도 있고, 일부만 탈중앙 요소를 기지고 있는 형태일 수도 있고, 지금까지 상상도 못 한 완전히 새로운 구조일 수도 있다.

트위터의 잭 도시와 같은 웹 2.0 서비스 창업자들이 웹 3.0의 변화에 민감한 이유는 그들이 웹 2.0 플랫폼의 최대 수혜자이기 때문이다. 웹 3.0 시대가 되면 자신들이 확보할 파이가 줄어들 거라 생각하는 것이다. 앤드리스 호로위츠 같은 유명 벤처캐피털이 벌써부터 웹 3.0 기업에 거액을 투자하는 이유가 여기에 있다. 이들이 진정한 탈중앙 웹 3.0을 위해서 투자한다고 생각하긴 어렵지만(물론 진심으로 탈중앙화 세상을 바랄 수도 있다), 새로운 투자처에 발 빠르게 진입해 기회를 노리고 있다. 대부분의 투자가 그렇듯이 대형 벤처캐피털은 웹 3.0으로 인해 거액을 벌 수도 있고, 3.0이 아니라 2.1 수준에서 멈춘, 기대 이하의 성과를 낼 수도 있다.

잠재된 기회가 얼마나 클지는 모르겠지만, 부정할 수 없는 사실은 현재가 '웹 전환기'라는 점이다. 웹 3.0을 표방하는 서비스나 기술과 관련한 다양한 시도가 계속 등장하고 있다. 이미 사람들이 웹 3.0이라는 용어를 쓰고 관련 산업에 투자가 이어지는 것은 그것이 어느 정도 현실세계에 다가와 있다는 의미다. 물론 성공 여부는 시간이 더 지나봐야 알 수 있을 것이다. 핵심은 결국 웹 2.0이든 웹 3.0이든 상관없이 사용자가 달려들어서 커뮤니티를 형성하는 서비스가 지속가능할 것이라는 데 있다. 특히 웹 3.0은 기업이 아닌 사용자를 중심으로 웹을 재구성할 수 있는 기회다.

2020~2025년은 웹 3.0으로 전환하는 시대가 될 것으로 예상된다. 지난 15년간 웹 2.0에 익숙해진 우리는 아직 웹 3.0이 몸소 느껴지지도 않고, 머리로 이해하기도 어렵다. 하지만 웹 2.0 시대에 등장한 스마트폰 하나가 지난 10년간 엄청난 변화를 주도했던 것과 같이, 조만간 웹 3.0 시대에 등장할 무언가 역시 우리 생활을 크게 바꿔 놓을 것이다.

다만 이 세상 모든 사람이 웹 3.0 시대를 바라는 것은 아니다. 웹 2.0 혹은 중앙화 서비스가 필요한 영역도 분명히 존재한다. 웹 3.0이 하나

┈┈▷ 웹 3.0반대론자는 웹 3.0이 마케팅 용어일 뿐이며, 실리콘밸리 벤처캐피털의 배를 불리는 수단이라고 비판한다.

2장 웹 3.0은 미래를 어떻게 바꿀 것인가

의 목표처럼 여겨지는 것은 경계해야 한다. 이것이 단순한 마케팅 트렌드 용어로 흘러 지나갈지, 실제로 웹 3.0으로 정의할 만한 것의 시대적 수용이 가능할지는 이미 다가온 웹의 전환기에서 결정될 것이다.

웹 3.0은 중앙화된 거대 플랫폼과 경제체제를 사용자에게 돌려준다는 의미를 갖는다. 권력이 기업에게서 개인과 커뮤니티로 의미 있게 이동하는 것이다. 웹 3.0의 구조가 아니라면 애초에 이러한 시도 자체가 불가능하다. 설사 잭 도시의 주장처럼 벤처캐피털이 초기 투자를 진행하고 많은 몫을 챙긴다고 하더라도 사용자에게 돌아가는 보상이 아예 없는 구조와 조금이라도 있는 구조는 다르다. 지금까지는 보상체계가 제대로 돌아가는 사용자 중심 생태계의 사례가 거의 없었기 때문에 웹 3.0의 탈중앙 구조가 생소할 수 있다. 하지만 이미 P2E 게임과 음악을 듣거나 글을 쓰는 몇몇 서비스는 실제로 사용자에게 활동한 만큼의 보상을 주고 있다.

현재의 서비스에 불만이 없다면 웹 2.0에 머무르면 된다. 하지만 웹 3.0에서 내가 웹에 기여한 일과 생성한 데이터에 대한 가치를 인정받고 조금이라도 보상을 받을 수 있다면 계속 웹 2.0 서비스에 머무를 이유가 있을까? 앞서 말했듯이 파괴적 혁신은 한 가지에서 시작한다. 기존에 불가능했던, 사용자가 데이터를 소유하고 정당한 보상을 받는 구조가 가능할 수 있다는 점에서 이미 파괴적 혁신은 시작된 것이 아닐까?

'블록체인', 디지털 경제의 마지막 퍼즐

웹 1.0 시대에는 별다른 디지털 경제체제가 없었다. 당시 온라인에서 돈을 벌 수 있는 주체는 한정적이었고, 온라인보다는 오프라인 경제활동이 주를 이뤘다. 사람들은 은행에 가서 돈을 맡기고 수표나 현금으로 물건을 사고팔았다. 지금은 거의 사라진 종이 통장에 도장을 찍어 자산을 보관하는 증표로 삼았다.

디지털 경제체제는 웹 2.0 시대에 탄생했다. 스마트폰을 중심으로 한 각종 모바일 애플리케이션과 웹 서비스는 기존 경제를 완전히 디지털 중심으로 바꾸며 새로운 생태계를 만들었다. 많은 경제활동이 급속히 디지털화되었고, 웹과 네트워크를 통해 실시간으로 오가는 각종 정보와 사람들이 만들어낸 데이터가 글로벌 경제를 움직이는 원동력이 되었다.

불과 10여 년 만에 인터넷 뱅킹과 모바일 뱅킹이 대중화되었다. 토스나 카카오뱅크 같은 인터넷 전문 은행도 나타났다. 온라인에서 예금과 송금이 가능하고 P2P를 비롯한 각종 대출이 가능한 시대가 열렸다. 금융뿐만 아니라 온라인에서 물건을 사고파는 이커머스 역시 웹 2.0 시대에 가장 크게 성장했다. 사람들은 인스타그램이나 유튜브 등의 플랫폼을 통해 콘텐츠를 제공하고 온라인 활동만으로도 돈을 벌 수 있게 됐다. 온라인 세상과 오프라인 세상의 명확했던 경계선도 희미해졌다. 웹 2.0 시대에 디지털 경제체제로 전환이 이루어진 것이다.

디지털 경제는 '인터넷 네트워크와 IT 산업을 기반으로 이루어지

는 모든 경제활동'을 의미한다. 그렇다면 왜 디지털 경제가 중요한 걸까? 이 경제체제는 인터넷과 모바일, 디지털 콘텐츠 등 온라인 세상에만 있는 디지털 존재는 물론, 자율주행 자동차나 패스트푸드점의 키오스크 등 오프라인 세상의 존재와도 온라인으로 연결되기 때문이다. 디지털 기술의 발전과 시장에서 발생하는 변화는 우리의 삶을 송두리째 바꿔가고 있다.

공교롭게도 2008년 세계 금융위기가 찾아온 직후인 2009년 1월, 온라인 암호화폐 비트코인BTC, Bitcoin이 세상에 모습을 드러냈다. 웹 1.0 시대에서 웹 2.0 시대로의 전환기가 지나가던 시점, 그리고 모바일 시대가 처음 열리던 시기에 비트코인이 등장한 것이다. 이후 약 10년이 넘는 동안 비트코인은 웹 2.0 시대를 관통하며 디지털 화폐 혹은 디지털 자산(무엇이라 불러도 상관없다)의 선지자가 됐다. 웹 2.0에서 웹 3.0으로 넘어가는 최근 전환기에도 이더리움을 비롯한 수만 개의 암호화폐가 등장했고, 지금도 계속 생겨나고 또 사라지고 있다.

기존 디지털 경제에서는 법정화폐가 기준이 됐다. 이커머스에서 상품을 결제하거나 거래 대금을 지불할 때, 해외로 송금할 때 등의 상황에서 모든 기준은 법정화폐. 지금도 달러나 원화 같은 법정화폐가 그대로 디지털 경제에서 사용된다. 앞으로 웹 3.0 세상에서 구현될 디지털 경제에서도 이런 법정화폐의 지위가 사라지진 않을 것이다. 여전히 사람들은 오프라인 세상에서 법정화폐를 사용하기 때문이다. 삼성페이나 카카오페이 같은 디지털 페이 방식이나 비트코인이나 이더리움 등의 암호화폐도 결국 법정화폐로 가치를 매긴다.

이것은 디지털 자산의 '가치'에 대한 이야기고, 웹 3.0에서는 디지털 경제체제를 순환하는 '매개체'가 블록체인 기반의 암호화폐가 된다. 이미 온라인상에서는 비트코인이나 이더리움 같은 암호화폐의 금융 대중화가 서서히 이뤄지고 있다. 세계적인 전기차 기업인 테슬라는 아이들을 위한 모터사이클의 결제를 도지코인 DOGE, Dogecoin 으로만 받는다고 발표했다.[8] 미국 결제 기업인 페이팔은 비트코인, 이더리움 등 주요 암호화폐의 결제를 지원한다. 국내에서도 전자결제(PG, Payment Gateway) 업체 다날의 자회사 다날핀테크가 국내 가맹점을 대상으로 비트코인 결제를 지원한다. 마스터카드 Mastercard, 비자 Visa 같은 신용카드 회사는 물론, 스타벅스 Starbucks 와 도미노피자 Domino's Pizza 등에서도 암호화폐 사용이 가능하다.

웹 2.0 시대에도 암호화폐는 디지털 경제의 힌 축을 담당했다. 아직까지는 기존 법정화폐와 함께 결제가 가능하지만, 향후 암호화폐만 받아들이는 서비스나 기업도 나올 수 있다. 책 후반부에 설명하겠지만, 암호화폐만으로 금융 서비스를 구성한 사례도 있다. 기존 은행이나 결제 사업자의 역할을 대신할 기술이 블록체인에서 가능해지면서 암호화폐 기반의 새로운 금융 서비스가 탄생했다.

블록체인이 웹 3.0 시대의 디지털 경제를 구축할 수 있는 가장 큰 이유는 '보상'과 '데이터의 소유'에 있다. 분산화 구조에서는 디지털 자산 소유자가 자산의 소유권을 명확하게 갖는다. 소유자가 자산을 전송하거나 받을 때 중개자가 없고, 아무런 간섭이 필요하지 않다. 관리 주체나 중개자 없이 개인과 개인 혹은 개인과 기관이 동등하게 디지털 자산을 주고받고 이에 대한 비용을 치른다. 이 모든 과정은 소프트웨어로 짜인 규칙에 의해 움직인다. 블록체인은 분산화를 통해 중앙화된 기존의 은행이나 플랫폼 사업자만 이득을 취하는 것이 아니라, 모두가 공평하게 혹은 특정 기준에 따른 보상을 받을 수 있는 생태계 구성을 목표로 한다.

웹 3.0의 중요 개념인 탈중앙과 소유를 증명할 수 있는 기술적인 방법이 블록체인이다. 블록체인이 제공하는 환경과 규칙이 웹 3.0에서 디지털 경제를 만들 수 있다. 원래의 방식만으로도 웹 3.0에서 디지털 경제를 순환시킬 수 있지 않을까 생각할 수 있다. 일정 부분은 가능하다. 하지만 굳이 블록체인을 사용하지 않아도 문제가 없고 효율성이 있는 경우에 한한다.

　기존 디지털 경제체제에서 조금이라도 문제점이 존재하거나 개선할 여지가 있는 경우, 그 자리에 블록체인과 암호화폐가 비집고 들어갈 수 있다. 혹은 완전히 새로운 형태의 암호화폐 기반 서비스나 프로세스로 사용자에게 가치를 전달할 수 있는 경우도 있다. 웹 2.0에서 할 수 없었던 탈중앙화 금융인 디파이, 사용자와 크리에이터가 체계적인 보상을 받을 수 있는 토큰 이코노미^{Token Economy}, NFT와 같은 새로운 디지털 자산, 메타버스 세상에 구현된 각종 디지털 자산 등의 중심에 블록체인이 사용된다. 따라서 암호화폐는 웹 3.0에서만 가능한 새로운 경제 시스템을 만들어낼 수 있다.

　웹 3.0의 기반이라고 일컬어지는 블록체인과 암호화폐 사용자 수는 현재 1억 명이 조금 넘는 것으로 추산된다. 참고로 인터넷 사용자가 1억 명 정도였던 시대는 1990년대 중반이다. 현재 블록체인 관련 시장 규모는 90년대 중후반 인터넷 관련 시장 규모와 다름없다는 이야기다. 1990년대 중반의 컴퓨터, 인터넷 관련 서비스를 생각해보면 그 수준을 짐작할 수 있다. 많은 사람들이 받아들여 대중화가 이루어지는 단계인 '매스 어댑션^{Mass Adoption}'은 사용자 10억 명 정도다. 인터넷 사용자가 10억 명을 넘어섰던 시기는 2005년 이후이며, 아이폰 등 스마트폰이 등장한 2007년 이후에는 15억 명을 넘었다. 2021년 기준 인터넷 사용자 수는 약 49억 명으로 전 세계 인구의 약 62 퍼센트에 달한다.

　현재 블록체인, 메타버스와 같은 분야에서 일하거나 이를 사용하는 인구를 감안하면, 웹 3.0의 디지털 경제를 논하기에는 어쩌면 너무 이

⋯➤ 인터넷과 암호화폐 사용자 수를 비교한 그래프. 과거 인터넷 사용자 수에 비춰보면 현재 암호
화폐 시장은 90년대 중후반 인터넷 시장의 규모를 형성하고 있다고 볼 수 있다.

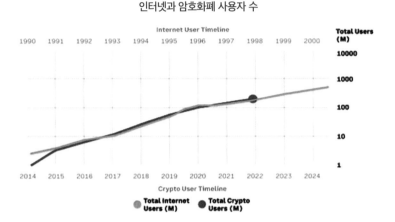

인터넷과 암호화폐 사용자 수

출처_자료: World Bank, Crypto.com, 차트: TheCryptoLark 트위터

른 시기라고 생각할지도 모른다. 하지만 누구나 다 웹 3.0을 이해하고
받아들인 시기에 같이 이해한다면 이미 늦다. 웹 3.0으로 촉발된 변화
의 물결에 누구보다 빨리 올라타야 새로운 기회를 먼저 잡을 수 있기
때문이다.

'소유권 경제', 데이터 주권의 확보

웹 3.0 시대에는 사용자 중심의 데이터 경제 생태계가 확대된다. 따
라서 특정 서비스나 플랫폼에 종속되지 않고, 사용자가 자신의 개인

정보를 관리하는 '분산신원인증(DID, Decentralized Identity)'이 중요하다. 특히 데이터의 소유권이 명확하게 표시되어야 한다. 웹 2.0에서는 어느 데이터가 누구 것인지, 누가 소유하고 있는지 불명확했다면 웹 3.0에서는 블록체인으로 이를 확실하게 구분할 수 있다. 디지털 세상에서 내가 만들어낸 데이터와 콘텐츠의 소유권을 갖게 되고, 어느 데이터를 어느 범위까지 공개할 것인지, 가공해 판매할 것인지 등을 직접 결정할 수 있다. 중요한 점은 웹 2.0에서는 이러한 구조가 불가능하며, 블록체인을 활용한 웹 3.0 구조에서만 가능하다는 것이다.

웹 2.0에서는 데이터를 사용자에게 돌려줄 마음이 없다. 페이스북이 무분별하게 개인 정보를 수집하고 이를 유출까지 한 사건은 데이터의 중요성과 이를 보호할 주체는 사용자 개인이라는 사실을 다시 한 번 상기시킨다. 현재 전 세계에서 가장 인기 있는 소셜 영상 앱 틱톡도 과도하게 사용자 위치 정보를 수집하고 무단으로 사용자 스마트폰의 클립보드에 복사된 이미지와 텍스트까지 수집한다는 지적이 나오고 있다. 개인의 데이터가 무분별하게 사용되고 관리되고 있는 것이다. 앞으로는 사용자가 데이터 주권을 확보하고 소유권을 활용할 수 있는 환경이 조성돼야 한다. 이것이 가능한 환경이 웹 3.0이 될 수 있다.

소유권은 개인뿐만 아니라 기업에게도 해당되는 문제다. 루이비통 Louis Vuitton이나 나이키 Nike와 같은 유명 패션, 스포츠 기업 등은 제품에 대한 소유권을 명확하게 표시하고 싶어 한다. 명품 가방이나 의류에 블록체인으로 생성한 고유번호를 부여하거나 NFT로 제작하는 경우가 그런 움직임이다. 이러한 사례는 기업의 소유권도 보호받을 필요기 있음을 보여준다.

지적재산권(IP, Intellectual Property) 같은 실제 유무형 자산에 대한 저작권 역시 웹 3.0에서 부각될 사안이다. NFT 열풍이 불면서 타인의 저작물과 유사한 콘텐츠를 제작해 이를 NFT로 발행하거나, 저작권자가 아닌 사람이 타인의 저작물을 대상으로 NFT를 발행하는 등 저작권 침해가 일어났다.

예를 들어 한 종합광고대행사가 유명 작가의 작품 소장자와 협의를 거쳐 해당 작품의 디지털 작품을 경매로 판매한다고 밝힌 일이 있

⋯⋙ 나이키, 루이비통과 같은 유명 패션, 스포츠 기업은 제품의 소유권을 명확히 표시하고 가품을 판별하기 위해 NFT를 도입 중이다.

출처_StockX

었다. 그러자 저작권을 보유한 유족 등이 반발했고 결국 경매는 무산되었다. 또 누군가 명품 회사의 가방 이미지를 그대로 베껴 만든 NFT로 수익을 올려 문제가 된 경우도 있다. 웹 3.0 시대에는 이렇듯 데이터 소유권과 이를 활용한 저작권 문제가 지속적으로 일어날 수 있다. 저작권 문제를 방지할 수 있는 기술과 서비스도 웹 3.0 시대 하나의 축으로 자리 잡을 전망이다.

- 웹 3.0=사용자와 생산자가 토큰을 기반으로 공동 소유하는 인터넷. 데이터 주권이 사용자에게 있고 참여에 따른 보상이 이루어진다.

- 웹 3.0 시대는 웹 2.0 시대의 '플랫폼 경제'를 '프로토콜 경제'로 변화시키는 과정이다.

- 기업에 집중된 권한과 소유권을 사용자에게 배분하는 방식은 웹 3.0의 본질이다.

- 웹 1.0 시대를 1990년부터 2000년대 중반까지, 웹 2.0 시대를 2000년대 중반부터 2020년대 초반까지로 본다. 웹 3.0 역시 앞으로 약 15년간 이어질 것으로 예측된다.

- 웹 시대의 초반 5년은 전환기다. 초기와 전환기 시점에 많은 기업이 탄생하고 새로운 기술과 서비스를 테스트한다.

- 앞으로의 비즈니스는 웹 3.0 네이티브 기업과 기존 웹 2.0 서비스에 일부 웹 3.0 요소를 반영한 기업, 그대로 웹 2.0의 형태를 유지하는 기업의 세 유형으로 구분될 것이다.

- 웹 3.0에서 탄생한 새로운 서비스와 규칙에는 NFT와 같은 디지털 자산, 탈중앙 거래소, 디파이, DAO 등이 있다. 메타버스, 인공지능 기술, 클라우드 컴퓨팅, P2E 모델 등도 모두 웹 3.0에 포함된다.

- 웹 3.0에서는 블록체인 기반의 암호화폐가 디지털 경제체제를 순환하는 매개체가 된다. 이로 인해 웹 3.0에서만 가능한 새로운 경제 시스템이 생길 것이다.

- 사용자 중심의 데이터 경제 생태계가 확대되며 '분산신원인증'의 중요성이 커질 것이다. 소유권 경제와 저작권 문제도 웹 3.0 시대의 주요한 해결 과제다.

WEB 3.0
REVOLUTION

웹 3.0을 이끌
7가지 핵심 키워드

커뮤니티,
참여하고 소통하는
팬덤

웹 2.0에서는 팬덤 기반 커뮤니티가 형성돼도 그들이 직접 서비스와 제품의 방향을 정할 수 없었고, 활동에 대한 수익이나 보상도 요구할 수 없었다. 하지만 웹 3.0에서는 소비자나 참여자도 자신의 활동으로 수익과 보상을 얻을 수 있다. 웹 3.0에서 커뮤니티의 중요성은 웹 2.0시대와 비교할 수 없을 정도로 커졌다.

웹 3.0의 근간이 되는 커뮤니티

웹 2.0에서 웹 3.0으로 넘어가도 바뀌지 않을 핵심요소는 바로 '커뮤니티'다. 커뮤니티의 시작은 2명 이상의 사용자. 여러 사용자가 특정 주제를 중심으로 함께 생각을 나누고 공감하고 소통하는 것이 커뮤니티다. 군이 웹 3.0에 대한 이야기가 아니더라도 커뮤니티는 모든 산업 군에서 중요하다. 특정 상품을 불매하거나 반대로 긍정적 입소문을 내 인기 상품을 만드는 것, 여론을 형성하는 것 등은 모두 일종의 커뮤니티가 주도하는 일이다.

단순히 여러 사람이 모여 그룹을 이룬 것이 커뮤니티의 초기 단계라면, 다음 단계는 팬덤 기반의 커뮤니티다. 팬덤이 자연스레 형성되면 많은 사람이 하나의 결속력 있는 공동체로 묶인다. 이때 중요한 건 그들을 묶는 중심이 학연이나 지연 같은 기준이 아니라 특정 주제 혹은 관심사에 있다는 것이다.

웹 2.0에서는 팬덤 기반 커뮤니티가 형성돼도 그들이 직접 서비스와 제품의 방향을 정할 수 없었고, 활동에 대한 수익이나 보상도 요구할 수 없었다. 웹 2.0 커뮤니티 사용자는 서비스나 제품을 소비하는 주체이지 수익을 나눌 주체는 아니기 때문이다. 그 과정에서 등장한 것이 '크리에이터'다. 초기에 단순히 콘텐츠를 소비하는 주체였던 사용자들이 콘텐츠를 직접 생성해 스스로를 알리고, 수익을 얻는 생산자가 된 것이다. 이런 크리에이터와 인플루언서, 팬덤을 형성한 커뮤니티 등은 페이스북, 인스타그램, 트위터, 틱톡 등 소셜 네트워크 서비스를 중심으로 활동하며 웹 2.0 시대의 플랫폼 서비스를 성장시키는 원동력이 되었다.

웹 3.0에서 커뮤니티는 더욱 강력한 힘을 발휘한다. 웹 3.0의 커뮤니티는 프로젝트의 방향을 정하는 투표 형식의 의사결정에 '토큰 Token'을 사용한다. 이때 토큰은 직접 구매하거나 높은 참여도를 통해 확보할 수 있다. 최근 NFT 열풍이 일어났던 것 역시 커뮤니티의 힘이 가장 컸다. 크리에이터가 발행한 NFT를 지지하고 구매하는 커뮤니티의 존재는 NFT 시장을 성장시키는 발판이 됐다.

웹 2.0에서는 크리에이터, 즉 생산자가 아니면 아무런 수익과 보상을 얻지 못했지만 웹 3.0에서는 소비자나 참여자도 자신의 활동으로 수익과 보상을 얻을 수 있다. 최근 웹 3.0이나 암호화폐 관련 서비스를 제공하는 곳 중에는 글로벌 메신저 서비스 '디스코드'를 활용해 커뮤니티를 모으고 의사소통을 하는 경우가 많다. 아직 제대로 된 서비스를 갖추지 못한 프로젝트라도 커뮤니티가 형성되어 있다면 그들의 의견이 서비스에 반영되기도 한다. 온라인 활동에 열심히 참여하는 사용자에겐 인센티브가 부여되며 이는 커뮤니티 활동을 강화한다.

커뮤니티는 사용자들의 참여도가 지속되면 DAO라는 탈중앙화 자율조직으로 변화하기도 한다. 물론 DAO는 운영과 지속 측면에서 필요한 여러 조건이 있지만, 기본적으로는 '커뮤니티'라는 충성도 높은 사용자 집단이 설립의 필수조건이 된다. DAO 역시 구성원의 의미 있는 참여를 이끌어낼 수 있도록 기여도에 따른 인센티브를 제공하는 구조를 띠는데 이는 커뮤니티에서 시작된 것이다.

그러나 커뮤니티가 무조건 DAO가 될 수 있다는 생각은 하면 안 된다. DAO는 리더 없이 모두가 동등하거나 비슷한 권한과 책임을 갖고 있어야 한다. 하지만 기존 중앙화 커뮤니티의 속성을 한 번에 버리는 것은 어려울 뿐더러 오히려 기존 커뮤니티가 더욱 강력한 팬덤을 만들거나 활동성이 높을 수도 있다. 강력한 리더가 이끄는 커뮤니티는 그만의 장점이 있기 때문이다. 다만 리더가 어떤 사람인가에 따라 부패한 커뮤니티가 될 수도 있고, 끊임없이 성장하는 커뮤니티가 될 수도 있다. 어떤 경우든 커뮤니티에서 한 사람이나 소수의 영향력이 너무 커지는 것을 주의해야 한다.

커뮤니티가 건강하게 성장하려면 모두의 의견을 투명하게 수용하는 것이 우선이다. 이 과정에서 블록체인 기반 토큰으로 투표를 할 수도 있고, 온라인 회의를 진행할 수도 있다. 또한, 효율적인 커뮤니티를 위해서는 체계가 필요하다. 적절하게 커뮤니티를 리드하고 하나의 공동체로 묶을 수 있는 구조를 갖춰야 한다. 웹 3.0에서 커뮤니티의 중요성은 웹 2.0 시대와 비교할 수 없을 정도로 커졌다. 지금부터는 웹 3.0에서 새로 탄생한 커뮤니티인 DAO에 대해 알아보도록 하자.

DAO,
탈중앙화
자율조직

DAO는 특정한 중앙 관리 주체 없이 개인들의 자율적인 투표와 의사결정으로
운영되는 조직을 의미한다. DAO라는 새로운 조직 구조는 블록체인을 통해 합
의된 '스마트 콘트랙트'를 기반으로 의사결정과 거버넌스의 효율성과 신뢰성
을 끌어올린다.

DAO란 무엇인가?

DAO는 'Decentralized Autonomous Organization', 즉 탈중앙화 자율조직의 줄임말이다. DAO는 특정한 중앙 관리 주체 없이 개인들의 자율적인 투표와 의사결정으로 운영되는 조직을 의미한다. DAO라는 새로운 조직 구조는 블록체인을 통해 합의된 '스마트 콘트랙트'를 기반으로 의사결정과 조직 운영 전반에 걸친 거버넌스 Governance의 효율성과 신뢰성을 끌어올린다. DAO가 구성되려면 자율성과 탈중앙화와 같은 기본 요건이 필요하다. 일반적인 조직은 관리와 통제로 인해 자율성을 확보하기 어려운 구조다. 특정 리더가 내리는 지시를 따라야 하는 구조에서는 개인의 의사에 반하는 상황이 생기기도 한다. 반면에 DAO는 정해진 규칙에 따라 투명하게 의사결정이 이루어진다.

기업 형태의 DAO는 한번 구성되면 계속 유지되는 경우도 있고, 특정 목적을 위해 구성된 조직이라면 프로젝트의 목적 달성 및 실패 여부에 따라 해체될 수도 있다. 또한 DAO는 프로젝트에 동의하는 참여자들이 모이면 인원이 소수라도 구성할 수 있다.

DAO는 기본적으로 의사결정에 토큰을 활용한다. DAO에서 토큰은 모든 참여자의 권리를 나타내는 목적으로 사용된다. 특정 시점에 진행되는 의사결정에 지분만큼의 권리를 행사할 수 있는 것이다. 마찬가지로 조직에서 수익이 발생했을 때도 참여도와 토큰 등을 기반으로 수익을 배분 받을 수 있다. 이러한 과정은 모두 스마트 콘트랙트를 기반으로 계획되고 실행된다.

⋯⟩ 다양한 종류의 DAO. 투자, 소셜, 미디어, 서비스, 콜렉팅 등 여러 분야에서 관심사가 같은 사람들끼리 모여 구성한다.

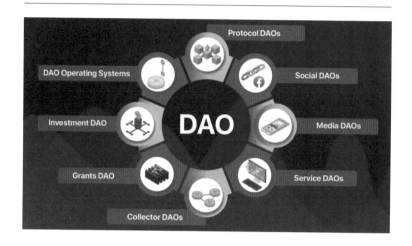

출처_TradeCoin

웹 3.0 내에서 DAO의 핵심은 '자율성(Autonomous)'에 있다. 모든 조직과 구성원은 이제 자율적으로 움직인다. DAO는 누군가 시키는 대로 혹은 정해진 규칙대로 따르는 것이 아니라 구성원이 직접 회사나 조직의 방향을 결정한다. 어쩔 수 없이 정해진 시스템과 룰을 따르는 것이 아니라 시스템과 룰을 직접 만들 수 있는 환경이 조성된 것이다.

지금은 기술을 통해 권력을 중앙이 아닌 참여한 사람들에게 부여할 수 있다. 경제적인 인센티브를 통해 동기를 부여하고 누구나 자율적으로 참여할 수 있도록 뛰어들게 만드는 것이 핵심이다. DAO는 블록체인 기반의 토큰 이코노미가 필요하다. 기술적으로 높은 보안성과 빠른 실행속도 등을 갖추는 것은 기본이고, 그보다 중요한 것은 잘 짜인 거버넌스 체계다.

투명한 의사결정과 토큰 이코노미
· ·

거버넌스란 사전적 정의에 따르면 '공동의 목표를 달성하기 위하여, 주어진 자원 제약하에서 모든 이해당사자들이 책임감을 가지고 투명하게 의사결정을 수행할 수 있게 하는 제반 장치'다. 거버넌스는 기업의 효율적이고 투명한 경영활동을 위해 다양한 이해관계자들 사이에서 어떻게 권한, 책임, 보상을 위임 및 분배할지 결정한다. 예를 들어 기업의 거버넌스는 이윤 창출을 위해 생산, 판매, 마케팅 등과 관련한 의사결정을 수도 없이 진행한다. 이때 권한과 책임을 누구에게 어떻게 얼마큼 분배할지, 누가 책임을 지고 위험을 감수할 것인지 등을 정한 규약이 거버넌스다. 거버넌스는 기업뿐만 아니라 국가, 심지어 가족구성원 간에도 있다. 따라서 거버넌스는 모든 조직에서 필수적으로 만들고 이행해야 하는 사항인데, 그중에서도 특히 DAO는 거버넌스 정의를 가장 잘 수행할 수 있는 블록체인 기반의 자율조직이라 볼 수 있다.

DAO는 기존 플랫폼들이 독자적으로 의사결정을 했던 것과는 다르게 차별화된 체계를 갖추고 있다. 예를 들어 특정 플랫폼이 일방적으로 수수료를 갑자기 크게 인상하거나 특정 콘텐츠를 재생하지 못하도록 자체의 정책으로 제한하는 상황이 있다고 하자. DAO에서는 만약 수수료를 인상해야 하는 상황이라면 참여자의 투표가 먼저 진행되고 그 결과에 따라 인상 여부가 결정된다.

이런 투표에 참여하는 것을 포함해, 사용자가 DAO 내 활동에 기여를 하면 인센티브가 주어진다. 일반적인 기업에서 주식을 발행하고 지분을 나누듯, DAO에서는 토큰이 비슷한 역할을 한다. DAO는 모두의 참여와 의사결정이 필요하기 때문에 인센티브를 제공해 활동의 동기를 부여한다. 이를 위해서 초기 참여자에게 토큰을 별도로 배정하기도 하고, 활동을 열심히 할수록 토큰을 추가로 받을 수 있는 구조를 만들기도 한다. DAO는 투명한 거버넌스 구조를 기반으로 새로운 조직의 형태가 될 수 있을 것으로 기대된다.

하지만 DAO도 몇 가지 단점이 있다. 가장 큰 문제는 '의사결정 비용'이다. 너무 많은 참가자의 의견을 모아야 하기 때문이다. 다양한 의견들은 정치적인 싸움으로 번질 수도 있고, 그로 인해 그룹이 분화될 수도 있다. 이 과정에서 의사결정이 느리고 비효율적으로 진행될 가능성이 있다.

두 번째 문제는 '토큰을 인센티브로 받는 구조'에서 기인한다. 토큰 인센티브는 동기부여라는 좋은 목적이 있지만, 자칫 참여자들로 하여금 토큰의 가격이나 수량 배분 문제와 같은 금전적인 목적의 활동에 매몰되게 만들 수 있다.

세 번째는 DAO의 '법적인 지위에 대한 해석'이 아직 분분하다는 점이다. 아직 규제의 범위나 토큰을 발행하며 발생한 수익의 세금 문제 등이 정해지지 않았고, DAO가 사업을 진행하는 경우 법인으로 인정해야 하는지 여부도 불명확하다.

이처럼 장단점이 뚜렷한 DAO는 이미 국내외에서 활발히 생겨나 활동하기 시작했다. 현재도 최소 200개 이상의 DAO가 존재하며, DAO를 표방한 조직과 프로젝트가 계속 늘어나는 추세다.

다양한 형태의 DAO

DAO는 조직의 목적에 따라 다양한 형태로 시도되고 있다. 먼저 '투자와 수집' 관련 DAO를 예로 들 수 있다. 희귀한 문서나 수집품 등 특정 자산을 투자 목적으로 구입할 때 DAO를 구성해 함께 구입하는 경우가 이에 해당한다. 크라우드 펀딩과 유사한 형태다. 해외에서는 경매에 나온 미국 헌법을 낙찰 받아 NFT로 제작하고 그 수익을 배분할 목적으로 설립된 컨스티튜션^{Constitution} DAO가 있다. 이들은 무려 4,000만 달러에 달하는 금액을 모금하고 경매에 참여했지만, 헌법을 낙찰 받지는 못했다. 하지만 이후 조직을 해체하지 않고 DAO에서 배분한 피플^{People}이라는 토큰을 활용해 다른 프로젝트를 진행하겠다고 밝혔다.

두 번째 형태로는 '소셜' DAO가 있다. 온라인 커뮤니티에서 같은 취향이나 생각을 공유하는 사람들이 모여 구성한 조직이다. DAO에 참여하게 되면 커뮤니티 내 콘텐츠를 즐기거나 독점 이벤트에 참여할 수 있는 권한 등을 얻는다. 소셜 DAO는 커뮤니티에 가입하면서 멤버십 비용으로 일정량의 토큰이나 NFT를 구매하도록 한다. 가장 비싼 가격에 팔리고 있는 NFT 중 하나인 '지루한 원숭이들의 요트 클럽 (BAYC, Bored Ape Yacht Club)'도 NFT와 토큰을 활용한 DAO로 발전

┈⫶> 컨스티튜션 DAO. 경매에 나온 미국 헌법을 낙찰 받아 NFT로 제작하고 그 수익을 배분할 목적으로 설립되었다. 낙찰에는 실패했지만 여전히 DAO를 해체하지 않고 지속하고 있다.

하고 있다. 최근 BAYC의 NFT 보유자들을 위해 APE DAO에서 APE 코인을 발행하기도 했는데, 이 코인은 향후 블록체인 게임 및 서비스의 주요 토큰으로 사용될 계획이다.

인재 채용을 비롯한 여러 '중개 서비스'를 위한 DAO도 있다. 예를 들면 특정한 프로젝트를 만들어 개발이나 디자인과 같이 실무에 참여할 수 있는 사람들을 모을 때 이들에게 DAO에서 발행한 토큰을 지급한다. 좋은 인재를 소개해준 사람에게 인센티브를 주거나, 기업이 인재 채용을 의뢰하면서 DAO 토큰을 지불하는 등의 방식으로 이루어진다. 이러한 서비스 형태의 DAO도 점차 늘어날 전망이다.

이밖에 유명 인플루언서가 직접 자신의 팬들을 위해 DAO를 만든 사례도 있다. 커뮤니티와 팬덤을 기반으로 구성된 DAO는 인플루언서가 만든 콘텐츠를 홍보하거나 단체 기부 등의 활동을 진행할 때 의

⋯⋙ NFT와 토큰을 활용한 DAO인 BAYC(지루한 원숭이들의 요트 클럽). 소셜 DAO에 해당한다.

사결정을 함께한다. 인플루언서가 직접 활동해 높은 참여도를 이끌어
내기도 한다.

더 나은 조직을 향해

DAO는 평등하고 투명한 구조를 기반으로 모두의 참여를 지향해
이상적인 모델로 보일 수 있다. 하지만 과거 DAO의 사례를 보면 커
뮤니티의 내부 분열이라는 어두운 역사 역시 존재한다. 이더리움에서
최초로 탄생한 DAO인 '더다오 The DAO'에서는 해킹으로 6,000만 달러
에 달하는 이더가 사라지는 사태가 발생했었다.[9] 이 일을 해결하는 과

정에서 합의에 이르지 못한 참여자들은 결국 이더리움과 이더리움클래식 ETC, Ethereum Classic의 두 조직으로 갈라졌다. DAO는 최근까지도 해킹이나 러그풀 Rug pull(토큰을 발행해 돈을 벌고 최초 발행자가 사라지는 사기)이 일어나는 등 여전히 구조적인 문제를 보여주고 있다. 또한, 언뜻 보면 평등해 보이는 투표 방식도 소수의 참여자가 대량의 토큰을 보유하는 경우 참여자 전체의 의견에 맞지 않는 방향으로 의사결정이 이뤄질 위험이 있다.

DAO의 이상적인 목표를 달성하기 위해서는 아직 보완할 요소가 많고 시행착오가 더 필요하다. 특히 DAO는 일반적인 조직의 거버넌스 문화와 다르게 토큰 및 인센티브와 연결되어 있기 때문에 조직이 인간의 욕심을 채우기 위한 수단으로 변질되는 것을 가장 경계해야 한다.

하지만 DAO의 탄생과 여러 시도는 새로운 패러다임으로의 변화

⋯➤ 더다오 해킹 사건을 해결하는 과정에서 합의에 이르지 못한 구성원들은 이더리움과 이더리움 클래식이라는 두 조직으로 갈라지게 되었다.

를 의미한다. 기업이나 조직, 웹 서비스 등이 사용자에 의해 소유되고 운영되는 모습을 기대할 수 있게 됐기 때문이다. 앞으로는 DAO가 새로운 거버넌스 체계의 정립과 더불어 소셜 활동 및 투자와 금융 등 여러 산업 전반에 어떤 큰 변화를 불러올 것인지 면밀히 지켜봐야 할 것이다.

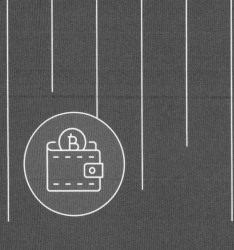

결합성과
상호운용성,
웹 3.0의 지향점

앞으로 몇 년간 웹 3.0에서 가장 중요한 키워드는 '상호운용성과 '결합성'이 될 것이다. 두 요소는 잠깐 반짝하는 수준의 유행어와는 다르다. 이미 해외에서는 상호운용성과 결합성에 대해 활발한 논의가 이루어지고 있고, 관련한 글도 여럿 찾아볼 수 있다. 이 둘은 웹 3.0의 핵심이자 기업과 개인의 가능성을 극대화 하는 중요한 요소다.

앞으로 몇 년간 웹 3.0에서 가장 중요한 키워드는 '상호운용성 (Interoperability)'과 '결합성(Composability)'이 될 것이다. 이 특성은 웹 2.0과 웹 3.0에서 모두 필요하다. 두 요소는 잠깐 반짝하는 수준의 유행어와는 다르다. 이미 해외에서는 상호운용성과 결합성에 대해 활발한 논의가 이루어지고 있고, 관련한 글도 여럿 찾아볼 수 있다. 이 둘은 웹 3.0의 핵심이자 기업과 개인의 가능성을 극대화하는 중요한 요소다.

결합성, 오픈소스로 만드는 가능성의 레고

웹 3.0과 같이 새로운 구조와 신규 서비스가 탄생하는 시장에서는 오픈소스(무상으로 공개된 소스)에서 제공된 것 이상으로 동종 및 이종의 산업과 서비스가 조합된다. 오픈소스 위에 누구나 새로운 기술과 서비스를 더해 다양한 결합을 만들어낼 수 있기 때문이다. 예술 분야와 기술이 결합해 NFT가 탄생한 것이 그 예다. 오픈소스는 이미 웹 2.0 시대에 자리를 잡기 시작했다(리눅스Linux가 대표적이다). 웹 3.0에서는 웹 2.0에서 기반을 잘 닦아온 오픈소스가 더욱 개방되고, 이와의 결합을 통해 새로운 기술과 서비스, 자산의 개발이 가속화될 것이다.

'결합성'은 장난감 레고LEGO를 떠올리면 이해하기 쉽다. 레고는 다양한 블록을 조합해 무한에 가까운 새로운 형태를 만들어낼 수 있다. 이러한 속성의 결합은 창의성을 극대화한다. 한발 더 나아가 레고는 블록 사이즈를 공개하고 오픈소스와 같은 기반을 제공했다. 그 결과

레고는 불법 제품을 포함한 무수히 많은 블록 제품과 결합이 가능해지면서 또 다른 결합을 만들어냈다.

유명 벤처캐피털 앤드리슨 호로위츠의 파트너 크리스 딕슨은 결합성을 금융권의 복리와 비슷한 개념으로 설명한다.[10] 결합성으로 인해 계속해서 조합이 일어날 경우 기하급수적인 성장을 기대할 수 있다는 것이다. 그는 스마트폰의 소프트웨어 대부분이 오픈소스를 기반으로 만들어졌음을 지적하며, 오픈소스가 결합을 통해 새로운 가치를 제공하고 누구나 사용할 수 있는 환경을 만들었다고 말했다.

기업 입장에서 결합 가능한 앱(Composable Application)과 결합 가능한 인프라(Composable Infra)는 웹 2.0의 기존 비즈니스와 기업을 강화하고 웹 3.0의 새로운 비즈니스 기회를 찾는 방법이다. 예를 들어 웹 3.0에서 활용되는 기술을 API를 통해 웹 2.0 서비스와 결합한다면, 모듈화 구조를 만들 수 있다. 이러한 구조는 기업 전체의 효율성과 혁신을 일으키는 데 활용할 수 있다. 해외에서는 이커머스 분야에서 결합을 시도하고 있는데, 개발과 관련된 백엔드를 고객 대응과 관련한 프론트엔드와 분리해 보다 유연하게 대처하는 '헤드리스 커머스Headles commerce'라는 개념이 등장했다. 이처럼 웹 3.0 시대에는 결합성을 차츰 확대하면 궁극적으로 결합 가능한 기업(Composable Enterprise)이 될 수 있다.

상호운용성, 블록체인 연결의 시너지 효과

'상호운용성'은 웹 3.0의 여러 프로토콜을 연결하고 개방형 프로토콜을 만들어낼 수 있게 한다. 웹 3.0의 여러 블록체인 네트워크는 각자 고유한 블록체인 프로토콜에서 움직인다. 그러나 웹 3.0의 비전 중 하나는 오픈소스가 기술 스택(개발의 기반이 되는 기술이나 프로그램)이 되어 누구나 코드를 읽고, 개발하고, 개선할 수 있게 연결되는 것이다. 이런 환경에서 더 나은 사용자 경험이 만들어질 수 있다.

각 블록체인 네트워크에는 이미 데이터를 전송하고 자산을 거래하고 이야기를 나눌 수 있는 커뮤니티가 구성되어 있다. 하지만 이러한 블록체인 네트워크는 서로 격리되어 있다. 마치 생산과 경제활동이 이루어지고 있지만 다른 도시와 연결되는 고속도로가 없는 독립적인 도시처럼 말이다. 이 상태가 지속된다면 웹 3.0으로의 이동은 큰 의미가 없어진다. 각자의 도시 속에서 고립된 커뮤니티는 자체의 이익만을 좇게 되어 성장하지 못하기 때문이다.

연결되지 않은 프로토콜을 연결하고 표준화하려는 작업은 계속 시도되고 있다. 상호운용성을 위해서는 표준화된 경로로 각 도시를 연결할 수 있는 '개방형 프로토콜'이 필요하다. 도시가 성장하고 번성하기 위해서는 다른 도시와의 교류가 있어야 하는 것과 마찬가지다. 하나하나의 도시 사이에 다리를 만들어 연결하는 것은 시간과 비용이 많이 든다. 그보다는 공통적으로 모두를 연결해 빨리 달릴 수 있는 고속도로가 있어야 상호운용성이 빛을 발할 수 있다. 그런 연결이 더 큰

⋯⋯> 표준화된 경로로 각 블록체인을 연결할 수 있는 상호운용성이 필요하다. 개방형 프로토콜이 만들어지면 시너지 효과가 생겨 생태계 전체를 확장시키며 성장할 수 있다.

시너지 효과를 낼 수 있다는 점을 인식하고 전체를 성장시키고 확장할 방법을 함께 모색해야 한다.

진정한 형태의 상호운용성은 사용자가 자신도 모르게 여러 블록체인 플랫폼을 오가며 송금을 하거나 게임을 즐길 수 있는 수준이 돼야 한다. 지금 우리는 이메일을 보내거나 송금을 할 때 인터넷에서 어떤 프로토콜을 쓰는지에 대해 딱히 생각하지 않는다. 아니 생각할 필요가 없다. 하지만 지금의 웹 3.0 초기 단계에서는 상호운용성이 준비되지 않아 아직은 구현 불가능한 것이 많다. 앞으로 웹 3.0은 다양한 블록체인과 웹 서비스, 소프트웨어가 지금 웹 2.0의 서비스처럼 하나의 표준화된 인터넷 안에서 작동할 수 있도록 나아가야 한다.

더하여 상호운용성과 결합성이 제대로 동작하려면 갖춰져야 하는 기본 조건이 있다. 바로 '개방성'이다. 개방성이 갖춰지면 무한한 결합성, 창의성, 호환성으로 이어질 수 있기 때문이다. 웹 3.0 생태계는 이러한 환경 위에서 더욱 폭발적으로 성장할 수 있을 것이다.

월렛과 브라우저,
웹 3.0의
필수 도구

웹 3.0 서비스 및 제품과의 상호작용을 위해 제일 먼저 필요한 것이 월렛이다.
월렛은 웹 3.0의 세계로 들어가려는 사용자의 여정에서 가장 중요한 부분이다.
월렛이 없으면 비트코인 같은 암호화폐와 NFT에 이르는 디지털 자산의 소유
권을 입증할 방법이 없다.

월렛, 디지털 세상의 신분증

우리 일상에서 지갑은 주로 현금이나 신용카드를 넣는 용도로 쓰인다. 신분증, 도서관 회원증, 각종 포인트 카드, 가족 사진 등을 보관하기도 한다. 지갑 속에는 결제할 수 있는 자산과 내 신분을 알리는 요소들이 담겨 있다. 지갑의 외적인 형태와 색상 등까지 감안한다면, 지갑은 어떤 개인의 나이와 취향, 경험, 재정 상태 등 많은 정보를 알려주는 물건이라 할 수 있다.

과거 실물 지갑에 넣어두었던 대부분의 내용물은 오늘날 스마트폰으로 이동했다. 스마트폰의 각종 페이 기능을 이용하면 손쉽게 결제할 수 있고, 모바일 신용카드나 회원증 등을 불러올 수도 있다. 현재는 여기서 더 나아가 디지털 자산을 보관하는 블록체인 기반의 '월렛Wallet'이 사용되고 있다. 이 월렛은 단순한 자산 저장 수단을 넘어 소유자의 정체성을 나타내는 도구로 진화하고 있다.

웹 3.0 서비스 및 제품과의 상호작용을 위해 제일 먼저 필요한 것이 월렛이다. 월렛은 웹 3.0의 세계로 들어가려는 사용자의 여정에서 가장 중요한 부분이다. 월렛이 없으면 비트코인 같은 암호화폐와 NFT에 이르는 디지털 자산의 소유권을 입증할 방법이 없다.

대다수 블록체인은 자체 월렛을 제공한다. 특히 이더리움이나 솔라나와 같이 독립적인 생태계를 갖춘 메인넷 블록체인의 월렛은 더욱 중요하다. 해당 블록체인에 몇 개의 월렛이 생성되고 사용되는지는 일종의 경제지표 역할을 한다. 예를 들어 월렛의 수가 증가한다면 해당 블록체인의 사용자가 늘어나고 있음을 알 수 있다. 하지만 생성된 월렛이 많아도 실제로 거래가 발생하는 빈도가 줄어든다면 사용자가 줄어든다고 짐작할 수 있다. 월렛이 생성되는 추세가 둔화하는 경우도 사용자가 늘지 않는다고 판단할 수 있다.

일반적으로 가장 많이 사용하는 블록체인 월렛인 메타마스크 MetaMask는 2022년 2월 기준 월간 3,000만 명이 넘는 사용자를 기록했다.[11] 다른 여러 블록체인 메인넷에서 만든 지갑도 월렛 생성이 꾸준히 이어지며 수백만 명이 사용하고 있다.

개별 블록체인은 물론 삼성전자나 카카오와 같은 대기업도 블록체인 월렛을 만들어 사용자에게 제공한다. 삼성전자는 2019년에 출시한 갤럭시 S10부터 여러 암호화폐를 보관할 수 있는 월렛을 도입했

┈┈▷ 카카오 그라운드X의 블록체인 월렛 '클립'. 지갑을 통해 디지털 자산을 보관하고 개인 신원을 확인할 수 있다.

출저_카카오

다. 카카오도 카카오톡 내 클립Klip이라는 이름의 월렛을 제공한다. 이 월렛들은 디지털 자산을 보관함은 물론 개인 신원을 확인하는 역할도 한다.

월렛이 잠재력을 발휘할 수 있는 핵심 영역은 '개인 신원 인증'이다. 월렛은 웹에서 자신의 신원을 나타내고 확인할 수 있는 확실한 수단이다. DAO 거버넌스에 참여하기 위한 자격 증명, 소셜 미디어의 프로필 확인, 특정 서비스에 로그인할 때 등 다양한 상황에서 신원을 증명하는 용도로 쓰인다.

월렛은 더 나아가 디파이를 비롯한 금융 서비스의 중심이 될 전망이다. 지금도 암호화폐의 구매나 교환을 업비트, 바이낸스Binance 등 중앙 거래소에서 하지 않고 월렛에서 직접 할 수 있다. 예를 들어 이더리움을 비트코인으로 교환하는 것도 월렛에서 바로 가능하다. 뿐만 아니라 월렛 내에 예금, 적금과 같은 기능을 구현해 암호화폐나 NFT를 보관하면 이자를 받는 등의 금융 서비스도 가능하다.

월렛의 단점은 비밀번호를 잃어버리면 복구하는 데 상당한 어려움이 있다는 것이다. 기존 은행은 비밀번호를 분실하면 다시 복구하는 절차가 마련되어 있다. 하지만 블록체인 기반의 월렛은 비밀번호 자체를 복구할 수 없다. 다만 월렛 생성 시 부여받은 복구 구문이 있다면 비밀번호를 다시 설정할 수 있다. 복구 구문마저 없다면 아무리 큰 금액이 들어있는 지갑이라도 접근할 수 없다. 그러니 복구 구문을 잘 보관해둬야 한다. 월렛은 일반적인 복구 절차가 없기 때문에 월렛을 영영 쓰지 못하게 될 위험성이 존재한다는 것을 상기해야 한다.

웹 브라우저, 블록체인 서비스로 향하는 관문

웹 브라우저는 사용자가 인터넷을 사용하는 데 있어 필수적인 소프트웨어다. PC와 스마트폰과 태블릿, IPTV 등의 디지털 기기가 필수적으로 거쳐야 하는 관문이 브라우저다. 브라우저가 없으면 인터넷 사용은 불가능하다.

현대 웹 브라우저 개발의 핵심이 된 것은 크로미움 Chromium 이라는 오픈소스다. 구글의 크롬과 마이크로소프트의 엣지 브라우저가 크로미움 기반이다. 그 외에도 네이버가 개발한 웨일 Whale, 삼성 인터넷, 브레이브 Brave 등 많은 브라우저가 크로미움을 기반으로 만들어졌다. 크로미움은 기본적인 뼈대이며 여기에 추가한 다양한 기능은 웹 브라우저 제작사마다 차이가 있다. 크로미움을 바탕으로 어떻게 독립적이고 혁신적인 웹 브라우저 엔진을 만드는지에 따라 아직도 웹 브라우저는 다양한 형태로 업그레이드될 여지가 많다. 오픈소스를 기반으로 만들 수 있으므로 앞으로 더욱 다양한 브라우저가 탄생할 것임을 예상할 수 있다.

현재 사람들이 많이 사용하는 크롬과 엣지, 사파리는 물론 브레이브나 오페라 Opera 등 여러 웹 브라우저는 각자 차별화된 기능을 내세운다. 크롬과 엣지는 강력한 '확장 프로그램' 기능을 선보였다. 웹 브라우저의 기본 기능은 웹 페이지를 불러오고, 읽고, 쓰는 것이지만 여기에 확장 프로그램이 더해지며 더욱 다양한 콘텐츠를 이용하고 제공할 수 있게 됐다. 크롬의 확장 프로그램은 크롬 웹 스토어에서 설치할 수 있다. 2010년에 운영을 시작한 크롬 웹 스토어는 마치 구글 플레이 스토어의 모바일 앱처럼 다양한 프로그램을 웹 브라우저에 설치한다. 엣지 역시 확장 프로그램을 제공하는데, 엣지 추가 기능 베타 버전에서 다양한 확장 프로그램을 설치할 수 있다.

많은 블록체인 기반 디지털 지갑이나 서비스가 이 확장 프로그램을 적극적으로 활용하고 있다. 메타마스크와 같은 암호화폐 지갑과 블록체인 지갑도 확장 프로그램 형태로 제공된다. 블록체인 서비스를 웹 브라우저에서 사용할 때 지갑을 연결하려면 대부분 이러한 확장

┈┈> 크롬 웹 스토어의 확장 프로그램. 이를 통해 다양한 콘텐츠를 이용하고 제공할 수 있으며 블록체인 지갑도 연결해 사용할 수 있다.

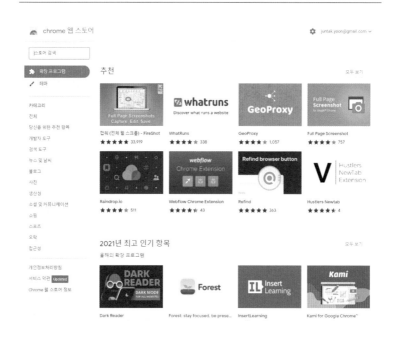

프로그램을 이용하게 되어 있다. 웹 2.0 시대의 브라우저 위에서 지갑 서비스가 제공되는 것인데, 이러한 방식은 웹 브라우저가 자체적인 신원 인증을 하거나 분산 데이터 저장을 하기보다는 사용자가 익숙한 환경에서 블록체인 서비스를 사용할 수 있게 한다. 일종의 대중화를 위한 방편인 것이다.

기존 브라우저에 블록체인 기반 서비스를 연결하는 것이 현재의 추세라면, 브라우저 자체를 웹 3.0 환경에 맞게 만드는 것이 앞으로 진행될 방향이다. 탈중앙화 자율조직(DAO)이나 탈중앙 금융(De-Fi) 서비스 등을 구현하기 위한 도구로 브라우저가 떠오르고 있다. 지금까지 웹 브라우저가 초기 인터넷을 연결하는 포털과 같은 역할을 했다면 웹 3.0 시대에는 여기에 프로토콜, 탈중앙 애플리케이션(dApp)에 대한 포털 역할을 추가한다. 브라우저는 웹을 사용하는 첫 단추 역할에 충실하면서 동시에 웹 3.0의 방향성에 따라 새로운 단계로 나아갈 필요가 있는 것이다. 앞으로 브라우저는 신원 인증과 디지털 지갑 제공, 보안 강화 등의 기능을 중심으로 웹 3.0 시대의 주요 도구가 될 예정이다.

월렛을 품은 웹 3.0시대의 브라우저

이미 웹 3.0을 고려해 설계하거나 블록체인을 중심으로 만들어진 웹 브라우저들이 있다. 오페라와 브레이브 같은 브라우저가 그 사례다. 오페라는 브라우저 플랫폼 중에서 탈중앙화의 가치를 빠르게 받아들인 편에 속한다. 1995년 처음 개발돼 오랜 기간 브라우저 서비스를 유지하고 있다. 현재 약 3억 명 이상이 사용하고 있는 오페라는 2017년 모바일 웹 브라우저로서는 최초로 암호화폐 지갑을 탑재했다.

브레이브 브라우저도 월간 사용자가 5,000만 명이 넘을 정도로 인기를 끌고 있다.[12] 이 브라우저를 사용하며 광고를 시청하면 사용자는 보상으로 베이직어텐션토큰BAT, Basic Attention Token이라는 암호화폐를 받을 수 있다. 또한 브레이브 월렛이라는 지갑 서비스와 영상통화 서비스를 제공하는 등 지속해서 기능을 업그레이드하고 있다. 브레이브 브라우저는 구글 등 중앙형 검색엔진이 검색 과정에서 사용자 모르게 개인 정보를 수집해 사용자를 추적할 수 있다는 문제점을 지적하고, 그 문제를 해결하는 것으로 차별화 전략을 추구한다.

⋯⋗ 브레이브 웹 브라우저. 이 브라우저를 통해 광고를 시청하면 베이직어텐션토큰이라는 암호화폐를 보상으로 받을 수 있다.

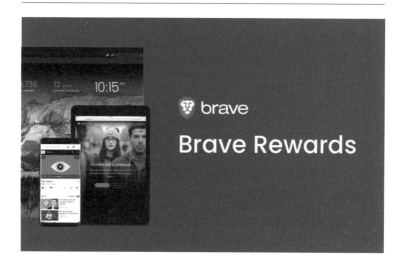

브레이브와 오페라와 같은 블록체인 친화적인 웹 브라우저는 프라이버시와 개인 데이터에 대한 보호를 차별점으로 내세운다. 또한 사용자에게 보상을 지급해 사용자의 수익을 극대화하고 참여도를 높인다. 2018년 구글의 데이터 유출 사건으로 크롬에 대한 신뢰가 크게 떨어진 이후 개인 데이터 보호에 대한 인식이 강화되었고, 데이터 소유 주권에 대한 인식도 함께 생겼다. 개인 정보가 유출되는 경로는 다양하지만 그 주체가 웹 브라우저라면 사용자는 정보 유출을 방지하기 어렵다. 따라서 브라우저를 선택할 때 개인 정보가 보호되는 것을 선택하는 것이 좋다.

　웹 3.0 시대에 새로 등장할 웹 브라우저는 데이터를 분산해 보관하거나 데이터 소유권을 사용자에게 제공하는 기반을 마련할 것으로 보인다. 암호화된 자체 디지털 지갑이 내장된 웹 브라우저와 다양한 확장 프로그램이 더해질 것이다. 이러한 방식의 시작은 '분산형파일시스템(IPFS)' 프로토콜이다. 인터넷이 탄생한 이후 우리는 HTML과 HTTP 같은 기술을 통해 인터넷을 본격적으로 사용하게 됐다. 자료를 보내거나 받기 위해서는 HTTP라는 표준화된 하나의 프로토콜(약속)을 따라야 한다. 이러한 기술을 이용해 웹 페이지를 사용할 수 있도록 돕는 소프트웨어가 웹 브라우저다.

　IPFS는 HTTP를 대체할 새로운 프로토콜로 손꼽힌다. IPFS의 가장 큰 특징은 서버와 관련이 없다는 점이다. 기존 웹에서는 데이터를 관리하는 서버에 문제가 생기면 인터넷 이용이 어렵고 파일을 다운로드할 수 없었다. 반면 IPFS는 네트워크 참여자들끼리 데이터를 나눠 보유하기 때문에 이론적으로는 영구적인 데이터 보관 시스템을 만들 수 있다. 이러한 구조를 활용하는 것이 웹 3.0과 탈중앙화이며 이를 적극적으로 받아들여 웹을 사용할 수 있도록 브라우저가 발전하고 있다. 오페라는 이미 IPFS 프로토콜을 브라우저에 도입했다. IPFS에 대해서는 6장에서 다시 한 번 자세히 다룰 것이다.

점점 더 많은 사용자가 웹 3.0의 가능성에 익숙해지고 있다. 앞으로는 웹 브라우저가 기본적인 브라우저의 역할과 확장 프로그램을 제공함은 물론, 웹 3.0 서비스를 사용하기 위한 형태로 발전할 것이다. 또한 다양한 블록체인 기반의 웹 브라우저가 탄생해 웹 2.0 시대의 크롬과 엣지 등과 경쟁할 수 있다. 브라우저가 블록체인과 분산 데이터 저장, 데이터 소유권과 보상, 프라이버시 강화와 같은 쟁점을 통해 어떻게 발전할지 기대된다.

아바타,
웹 세상의
또 다른 나

웹 3.0의 디지털 신원은 사람들이 다른 온라인 커뮤니티에서 자신의 신원을 표현하는 일반적인 방식과 조금 다르다. 당신이 누구이고 어떤 일상을 살고 있는지는 중요하지 않다. 디지털 공간에서 커뮤니티에 참여하고 아이디어를 제공하면서 소유한 아바타가 무엇인지가 중요하다.

아바타가 이력서가 되는 세상

웹 3.0 세상의 또 다른 나를 표현하는 것은 '아바타'다. 아바타는 디지털 세상에서 나를 대신하며 나의 또 다른 자아를 담는다. 지금까지 나를 대표하기 위해 소셜 미디어나 링크드인 프로필에 설정했던 프로필 사진과는 다르다.

과거 싸이월드의 미니미부터 제페토의 아바타에 이르기까지 아바타는 공통적으로 누군가를 대신하는 분신과 같은 존재임을 알려왔다. 과거의 아바타가 단순한 2D 혹은 3D 이미지였다면, 이제는 디지털 아트 수집품이면서 신원 인증까지 가능한 주체가 되었다. 웹 3.0의 디지털 신원은 사람들이 다른 온라인 커뮤니티에서 자신의 신원을 표현하는 일반적인 방식과 조금 다르다. 당신이 누구이고 어떤 일상을 살고 있는지는 중요하지 않다. 디지털 공간에서 커뮤니티에 참여하고 아이디어를 제공하면서 소유한 아바타가 무엇인지가 중요하다.

아바타의 가치는 아예 없을 수도 있고 수십, 수백억 원의 가치를 지닐 수도 있다. 아바타는 가치가 부여되고 이를 다른 사람들이 인식할 수 있다는 점에서 특별한 '디지털 아이덴티티'를 구축한다. 이러한 아바타는 대부분 자신이 소유한 NFT를 의미한다. 현재 NFT는 여러 블록체인 기반 웹 3.0에서 표현되는 아바타이자 신원 인증 방식의 일부다. 자신이 소유한 NFT로 아바타를 변경하면 프로필 사진(PFP, ProFile Pictures) 형태로 사용하는데, 이것이 가장 일반적인 방식이다.

실제로 시가총액 상위 10개 NFT 중 7개는 PFP NFT다. 기본적으로 만화, 애니메이션 형태의 2D 얼굴 이미지로 구성되어 있으며 최근에는 3D 형태의 NFT를 아바타로 사용하기두 한다. 이러한 아바타는 자신이 소유하지 않은 경우 프로필용으로 사용하지 않는데, 소유권이 없는 것을 게시하는 것은 개인의 평판에 좋지 않기 때문이다. 따라서 비싸고 유명한 아바타를 소유한 사람들은 자신의 부를 과시하면서 동시에 자신을 알릴 수 있다.

모든 블록체인 거래는 공개적으로 확인할 수 있기 때문에 일부에서는 NFT 아바타를 이력서와 같이 보기도 한다. 아바타와 연결된 개인 지갑을 통해 그동안의 NFT 거래 내역 등을 기반으로 하나의 웹 3.0 이력서가 완성될 수 있다. 예를 들어 2017년에 크립토펑크

⋯⋙ NFT로 만든 다양한 아바타들. 이미지를 통해 디지털 세상에서 사용자의 아이덴티티를 보여준다.

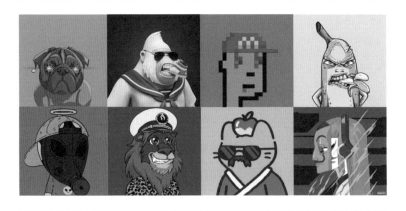

출처_(순서대로) Top Dog, Degenerate Ape Academy, Fast Food Punks, Mad Bananas, The Visitors, Lazy Lions, Cool Cats, ON1 Force

Cryptopunks를 구매하고 그 후로 계속 보유하고 있는 지갑은 한 사람이 프로젝트 초기부터 오랫동안 NFT 투자를 해왔다는 것을 보여준다. 앞으로 일부 웹 3.0 기업은 전통적인 이력서는 물론, 지원자의 NFT 아바타와 일부 웹 3.0 이력을 확인하고 채용에 반영할 수 있다.

나만의 디지털 아이덴티티

현재 일어나고 있는 사회적 현상은 독특한 것이 아니다. 새로운 유형의 인터넷으로 이동하는 문화 전환기에 가장 빠르게 자신의 아이덴티티를 나타낼 수 있는 것이 바로 '이미지'다. 따라서 개인은 아바타로 커뮤니티에 대한 소속감을 나타낼 수 있으며, 특히 PFP NFT는 디지털 커뮤니티의 결집력을 강화할 수 있다. 아바타 NFT 보유자들은 NFT를 커뮤니티 멤버의 증표로 사용해 온라인에서 멤버 전용 서비스를 이용하고 오프라인에서 멤버 대상 파티에 참여한다. 이것은 하나의 문화 현상이고 웹 3.0이라는 공간 속에서 자신의 아이덴티티를 증명할 수 있는 가장 명확한 방법이다.

최근 트위터는 NFT와 사용자 프로필 사진을 직접 연계하기 시작했다. 트위터 계정과 디지털 자산 지갑을 연동하면 프로필 사진과 인증으로 NFT 소유권 증명이 가능하다. 이러한 지원 서비스를 통해 NFT를 보유한 트위터 사용자는 기존처럼 누구나 복사-붙여넣기가 가능한 프로필 이미지 대신 실제로 소유한 NFT를 자신의 아바타로 내세울 수 있게 됐다.

ENS(Ethereum Name Service, 이더리움 네임 서비스)도 아바타와 비슷하다. 일반적으로 개인이 소유한 NFT나 암호화폐 지갑 주소는 굉장히 길고 복잡한 영문과 숫자로 구성되어 있다. ENS는 복잡한 주소를 간단한 ENS 도메인으로 바꿔 편리하게 송금을 진행할 수 있게 한다. 기업이나 개인은 도메인 명을 선점해 아이덴티티를 나타낼 수 있다. 여기에 NFT 같은 애니메이션 이미지는 없지만, ENS는 하나의 아이덴티티를 나타낼 수 있는 방법이다.

우리 자신을 나타내는 디지털 아바타를 사용하면 다양한 온라인 경험을 할 수 있다. 아바타는 다른 사람이 나를 바라보는 이미지를 통제할 수 있는 능력을 제공한다. 새로운 NFT 자산을 구입하거나 기존

⋯➤ 이더리움 네임 서비스(ENS). 복잡한 블록체인 주소를 간단한 도메인으로 바꾸는 서비스로, 도메인 명을 선점해 아이덴티티를 나타낼 수 있다.

출처_Ethereum Name Service

아바타를 업데이트하면서 계속해서 온라인 세계에서의 자신을 통제하고 다른 사람들이 아바타의 존재를 신뢰하도록 만드는 것이다.

웹 3.0에서 아바타는 자신의 신원을 드러내거나 바꿔가며 사용할 수 있는 도구이며, 또 하나의 자산이다. 자신의 아바타가 유명해지면 그걸 쪼개서 판매할 수도 있고 아예 소유권을 넘기고 새로운 아바타를 만들 수도 있다. 이 모든 것을 가능하게 하는 중심에는 NFT가 있다.

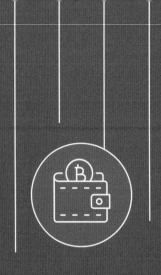

NFT,
대체 불가한
디지털 자산

NFT는 단순한 JPEG 이미지가 아니다. NFT는 커뮤니티와 팬덤 기반의 크리에
이터 이코노미를 만들어내는 핵심 매개체라 할 수 있다. NFT는 그 자체로 예술
품이 되기도 하고 멤버십이 될 수도 있으며, 신분증이 될 수도 있다. 또한 NFT
는 담보 대출이 가능하고, 분할해서 판매할 수도 있는 디지털 자산이다.

세상에 단 하나뿐인 자산의 가치

．．．．．．．．．．．．．．．．．．．．．．．．．．．．．．

NFT(Non-Fungible Token, 대체 불가능한 토큰)는 수집 가능한 토큰화된 자산으로 고유성과 희귀성 면에서 가치가 있다. 한마디로 NFT는 디지털 세상에서 유일무이한 가치가 있는 자산이다. 2021년을 가장 뜨겁게 달궜던 키워드이기도 하고, 한동안 계속 많은 이슈를 만들어낼 것이다. NFT 거래 시장은 폭발적으로 성장하고 있으며, NFT는 지금도 끊임없이 제작되고 있다. NFT가 제작되는 과정을 흔히 '민팅Minting'이라고 하는데, 이 단어의 원래 뜻은 '주조'다. NFT를 만드는 과정이 마치 쇠붙이를 녹여 새로운 물건을 만드는 것 같아 생긴 비유다.

그렇다면 디지털에서 민팅한다는 NFT는 대체 무엇인가? NFT는 블록체인상에서 특정 자산을 나타내는 토큰 중 하나로, 대체 불가능하다는 특성이 있다. NFT는 디지털에서 탄생한 자산이거나 실제 세상의 자산이 토큰화된 버전이다. NFT는 2021년에 크게 주목받기 시작했지만 그 탄생은 2012년경으로 거슬러 올라간다.

2012년 비트코인 블록체인에서 '컬러드 코인스Colored Coins'라는 현물 자산(부동산, 채권 등)에 대한 디지털 소유권을 증명하는 개념이 등장했다. 하지만 당시에는 비트코인의 여러 제약으로 주목을 받지 못했었다. 이후 이더리움이 등장하고 NFT 제작이 하나의 프로토콜로 가능해지면서 2017년 '크립토키티CryptoKitties'가 NFT의 본격적인 등장을 알렸다. 2021년부터는 'NBA 탑샷NBA Top Shot'을 비롯한 수많은 NFT 프로젝트가 쏟아져 나왔다. 2017년 시작된 '크립토펑크'는 픽셀로 이루어진 작은 이미지에 불과하지만 최초의 NFT라는 타이틀이 있어 최고

⟶ 2017년 NFT의 본격적인 등장을 알린 크립토키티. 블록체인 기반의 고양이 육성 게임이다.

출처_CryptoKitties

가격이 무려 300억 원을 기록했다. 이처럼 NFT는 높은 가격으로 인해 대중의 관심을 받으며 시장이 급격히 성장했다.

NFT의 등장 이후 '신뢰가 필요 없는 디지털 희소성'이라는 개념이 생겨났다. NFT 등장 이전의 디지털 세상에서는 모든 것이 쉽게 복제가 가능했고, 원본임을 입증하기 어려웠다. 하지만 NFT는 세상에 단 하나뿐인 데이터를 만들어 이를 어느 누구도 수정하거나 복제할 수 없게 했다. NFT는 고유하고 수량이 한정된 자산으로 다른 것과 대체 불가능하다. 비교해보자면 비트코인이나 이더리움 등 암호화폐는 거래소에서 구매하거나 채굴하면 누구나 보유할 수 있다. A와 B가 보유한 비트코인은 다른 비트코인과 대체 가능하다. 하지만 A가 NFT를 하나 구입하고 B가 NFT를 구입했다면 두 NFT는 같지 않다. 각 단위

···> 8비트 스타일 크립토펑크 NFT. 최초의 NFT로 최고 가격이 무려 300억 원을 기록했다.

에 고유한 식별자를 추가해 만든 디지털 자산이기 때문에 각 자산은 다른 모든 자산과 서로 구별된다(즉, 대체 불가능하다). 똑같은 이미지의 NFT가 10개 발행된 경우에도 이를 하나씩 구입했다면 그건 서로 다른 NFT다.

NFT는 최댓값이 1이어야 한다. 대체 불가능한 NFT는 1개만 존재해야 한다. 하지만 최근 일부 NFT는 1번부터 10번까지 번호를 부여하고 동일한 영상이나 이미지를 NFT로 만든다. 사실 이러한 NFT는 진정한 의미에서 NFT라 하기 어렵다. 유명 화가의 그림 한 점이 NFT 1개로 제작되면 이 NFT는 세상 그 어떤 것으로도 대체 불가능하기 때문에 NFT가 된다. 하지만 동일한 그림을 2개 이상 제작한 NFT는 사실상 대체 가능하기 때문에 NFT의 범주로 여기기는 어렵다.

3장 웹 3.0을 이끌 7가지 핵심 키워드

가장 일반적으로 NFT를 생성하는 방식은 '조합'을 이용한 것이다. 보통 캐릭터나 프로필 이미지 등을 이용해 아바타를 만드는데 이러한 방식을 '제너레이티브 아트 Generative Art'라고 한다. 제너레이티브 아트는 알고리즘을 기반으로 무작위로 생성 가능한 디지털 아트의 일종이다. 얼굴을 중심으로 한 프로필 이미지의 경우 머리카락, 눈, 코, 입, 액세서리 등을 조합하면 수천, 수만 개의 각기 다른 이미지를 만들 수 있다. 이러한 NFT는 10,000개가 만들어져도 모두 다른 이미지나 영상으로 구성된다. 동일한 NFT는 하나도 없기 때문에 대체 불가능하다.

　NFT는 앞서 언급했듯이 유일무이한 가치를 지닌 자산이다. 이러한 자산이 가치를 갖기 위해서는 특별한 내러티브가 필요하다. 내러티브란 '정해진 시공간 내에서 인과 관계로 이어지는 허구 또는 실제 사건들의 연속'을 의미한다. 쉽게 말하면 자산에 가치를 부여하는 서사가 있다는 뜻이다. 이러한 내러티브는 유명인이나 사람들 사이에서 회자되는 이야기가 담겨 있는 경우 만들어진다. 즉, 레오나르도 다빈치가 그린 〈모나리자〉가 다빈치의 명성과 사람들의 관심으로 인해 높은 가치를 갖는 것처럼, NFT도 고유한 가치를 지닌 경우 디지털 자산으로서 빛을 발한다. 또는 많은 사람이 좋아하거나 의미 있는 행동이 이루어지는 커뮤니티를 기반으로 만들어지는 NFT도 가치가 있다.

　'지루한 원숭이들의 요트 클럽(BAYC)'의 경우 유명 래퍼 에미넴 Eminem이 NFT 1개를 약 5억 5,000만 원에 구입하는 등 커뮤니티의 절

⇢ BAYC의 NFT. 커뮤니티의 절대적인 지지를 받고 있으며 전 세계에서 가장 인기 있는 NFT 중 하나다.

대적인 지지를 받으면서 주목을 받고 있다.[13] BAYC는 NFT 보유자에 한해 다양한 혜택을 제공하고 온·오프라인 행사를 여는 등 커뮤니티를 공고히 만들고 있다. 또한 '개방(Open)'이라는 웹 3.0 핵심요소에 부합하도록 BAYC 소유자의 지적재산권(IP) 사용을 개방했다. BAYC NFT 소유자는 굿즈를 제작하거나 소셜 이야기를 만드는 등 개방성을 기반으로 다양한 콘텐츠와 내러티브를 만들 수 있게 됐다.

2022년 3월, BAYC를 만든 유가 랩스YUGA LABS는 크립토펑크를 비롯한 다른 NFT 프로젝트의 IP를 인수했다. 그동안 크립토펑크는 세계적인 유명세에도 불구하고 2차 창작과 상업적 이용이 불가능했는데, 이제 BAYC처럼 2차 창작이 가능해진 것이다. 유명한 NFT가 서로 결합되고 연결되면서 새로운 콘텐츠가 생겨날 수 있는 길이 열렸다.

이번 인수는 단순한 IP의 차원을 넘어 실질적으로 NFT 보유자들에게 사용권과 소유권을 넘겨줬다는 의미가 더 크다. 또한, 가치를 지닌 NFT는 새로운 콘텐츠와 지적재산권으로 인정받을 수 있다는 선례가 탄생한 것이기도 하다.

나이키, 구찌, 코카콜라는 왜 NFT에 뛰어드는가?

NFT는 단순한 JPEG 이미지가 아니다. NFT는 커뮤니티와 팬덤 기반의 크리에이터 이코노미를 만들어내는 핵심 매개체라 할 수 있다. NFT는 그 자체로 예술품이 되기도 하고 멤버십이 될 수도 있으며, 신분증이 될 수도 있다. 또한 NFT는 담보 대출이 가능하고, 분할해서 판매할 수도 있는 디지털 자산이다.

이처럼 다양한 용도와 가능성이 드러나면서 NFT에 대한 관심은 지속되고 있다. 특히 자체 IP를 보유하고 있는 기업은 블록체인과 NFT 시장에 접근하기 유리하다. 쌓아온 수많은 저작물이 있고, 브랜드 인지도 또한 높기 때문이다. 실제로 NFT에 대한 관심이 커지며 많은 블록체인 프로젝트와 기업이 앞다퉈 NFT를 제작하기 시작했다.

나이키와 아디다스^{Adidas} 같은 패션 브랜드는 물론 루이비통, 구찌^{Gucci} 등 명품 브랜드도 NFT를 제작했거나 지속적으로 제작할 계획을 세웠다. 코카콜라^{Coca-Cola}와 디즈니^{Disney}도 캐릭터와 브랜드를 앞세워 NFT를 제작했다. SK텔레콤과 삼성전자, KT 등의 국내 기업과 네이버와 카카오 등 IT 기업도 NFT 생태계에 뛰어들었다.

→ 코카콜라 빈티지 냉장고 NFT. 블록체인 기업뿐만 아니라 국내외 다양한 기업들이 앞다퉈 NFT
를 제작하고 있다.

출처_Coca-Cola

특히 국내 NFT는 게임사가 주도하는 모습이다. 넷마블과 엔씨소
프트, 위메이드는 이미 NFT 기반의 게임을 개발 중이다. 〈배틀그라
운드〉로 유명한 크래프톤 역시 미래의 먹거리로 NFT를 언급하는 등
게임사들이 적극적인 모습을 보여주고 있다. 게임 아이템을 NFT로
만들어 가치를 부여하고 기존 과금 모델을 NFT로 확장할 수도 있다.
NFT를 만들고 이를 활용해 P2E 게임을 제작하면 새로운 비즈니스
기회를 창출할 수 있을 것으로 보인다.

NFT를 둘러싼 논쟁과 해결과제

물론 NFT를 향한 부정적인 시각도 존재한다. NFT가 대체 불가능한 토큰이긴 하지만 이미지나 디지털 자산을 실제로 소유한 것이 아니라 단지 데이터베이스와 연결하는 링크를 소유한 것뿐이라고 바라보는 시각이 있다. 단순한 링크를 거액을 주고 사고판다는 비판도 있다. 또한, NFT를 거래할 수 있는 마켓이 대부분 중앙화되어 있어 NFT가 웹 3.0에 부합하는 디지털 자산인지에 의문을 품기도 한다.

NFT를 투기성 높은 자산으로 보고 이러한 열풍은 일시적인 유행에 그칠 것이라는 의견도 있다. 너무 많은 NFT가 우후죽순 생겨나다 보니 NFT를 판매한 발행자가 돈을 들고 사라지는 사건이 여럿 일어났기 때문이다.

또한 NFT 참여 과정의 허들이 높다거나 공정하지 않다는 지적도 있다. NFT를 받기 위해서는 화이트리스트[Whitelist](일명 화리)라는 단계를 거치는데, 화이트리스트 명단에 포함되어야 NFT를 구입할 수 있는 자격이 주어진다. 이 과정이 대중적으로 접근하기 어렵다고 보는 시각이 있다.

저작권 문제에 대한 갑론을박도 꾸준하다. NFT가 저작권을 침해하고 있는지 아닌지에 대한 논쟁이 계속 이어지고 있다. 이외에도 NFT의 제작 및 유통, 판매 등에 관한 규제나 과세 논란 등 앞으로 논의해야 할 과제가 많이 남아 있다.

가치가 올라가는 NFT의 비밀

그럼에도 NFT는 웹 3.0에서 더욱 부각될 '크리에이터 중심의 경제체제'에서 중요한 역할을 맡는다. 유명 벤처캐피털 앤드리슨 호로위츠의 크리스 딕슨은 NFT가 크리에이터에게 더 나은 경제적 이익을 가져다준다고 말한다. NFT는 중개자를 제거할 수 있으며, 세분화된 가격 층이 있고, 사용자를 소유자로 만들어 고객 획득 비용을 거의 0으로 낮출 수 있다. NFT 공급자 시각에서는 자산의 공급과 소비, 소유 구조를 다르게 바꿀 수 있다는 점이 핵심이다. 사용자가 직접 이코노미에 참여해 소유자가 되면 경제체제에서 발생하는 결과를 공유하고 나눌 수 있다.

이러한 크리에이터 중심 생태계, 즉 웹 3.0에서는 누구나 소유자가 되고 직접 생태계와 경제체제에 참여할 수 있다. 또한 NFT는 폐쇄된 커뮤니티나 공간에서도 사용할 수 있지만, 개방성과 상호운용성을 바탕으로 다른 비즈니스, 생태계, 커뮤니티에서도 호환되는 형태로 발전한다면 더 매력적일 것이다.

매력적인 NFT가 탄생하는 방식은 크게 두 가지다. NFT가 만들어지고 커뮤니티가 생기거나 아니면 커뮤니티가 NFT를 만드는 경우다. 최근 유행하는 대다수 NFT는 프로젝트나 회사가 이미지 NFT를 만들어 커뮤니티에 화이트리스트 후 민팅하는 방식으로 진행된다(물론 개인 아티스트나 일반인도 가능하다). 이 방식은 NFT 제작 주체가 NFT를 만들고 커뮤니티를 모으는 순서로 이루어진다.

반대로 커뮤니티가 이미 구성된 상태에서 어떠한 대상에 대해 NFT를 만들자고 의견이 모여 제작되는 방식은 아직까지는 드물다. 대부분은 NFT가 새로 나오면 메신저 '디스코드'에 마련된 방에 들어가서 화이트리스트에 지원하고, NFT를 구입한다. 그러면 그때부터 커뮤니티의 일원이 된다.

특정 프로젝트나 회사가 'NFT를 만든 후 커뮤니티를 모으는 방식'은 성공하면 강력하다. BAYC의 사례처럼 NFT가 제작되고서 구성된 커뮤니티가 잘 뭉치고 NFT의 가치를 높이기 위한 활동을 지속한다면, NFT의 가치는 어느 정도 유지된다. NFT의 최저 가격을 의미하는 '바닥가격(Floor Price)'이 지속해서 올라가면 커뮤니티의 모두가 행복해진다. 다만 여러 이유로 바닥가격이 내려가기 시작하거나 커뮤니티의 결속력이 약해지면 NFT의 가치는 사실상 없는 것과 다름없다.

NFT의 가치를 인정해 줄 결속력 강한 커뮤니티가 구성된다는 건 구성원들이 이미 특정 대상이나 주제, 혹은 인물에 대해 지지와 공감을 갖고 있다는 것이다. 예를 들면 유명 가수 아이유에게는 그의 노래를 좋아하는 수많은 팬이 있다. 만약 아이유가 새벽에 찍은 사진과 함께 그에 맞는 음악과 이야기를 담아 NFT를 만든다면, 그 NFT에는 아티스트의 가치와 사연이 담겨 있기 때문에 내러티브가 생긴다. 이러한 내러티브에 공감하며 이것이 가치 있다고 생각하는 커뮤니티의 강력한 지지가 생기면 NFT의 가치는 떨어지기 어렵다.

NFT의 가치는 결국 '커뮤니티'에서 나온다. 앞으로는 커뮤니티에서 의견을 모아 NFT를 함께 만들고 나누는 사례가 더 많아지길 기대한다. 예를 들어 아이돌 그룹의 NFT라면 기획사에서 NFT를 만들어 팬들에게 판매하는 방식보다 팬클럽에서 투표를 통해 NFT를 만들지 여부를 결정하는 방식이 커뮤니티와 NFT의 가치에 부합하지 않을까 생각한다.

아직 NFT는 특정 층이 제작하고 소비하며 열광하는 단계를 거치고 있다. 이 때문에 거품이 아니냐는 평도 받지만, 지금까지 존재하지 않았던 개념이 디지털 세상에 등장해 검증 단계를 거치고 있다는 데 의미가 있다. 앞으로 웹 3.0에서 NFT가 디지털 자산으로서, 또 신원인증과 멤버십, 누군가의 자아를 드러내는 도구 등으로서 다양한 역할을 할 것으로 기대된다.

메타버스 경제,
가상세계 속
부의 창출

메타버스라는 또 하나의 세상이 열리면서 사람들이 가상 공간에 머무는 시간이 길어졌다. 그에 따라 다양한 경제활동도 같이 증가할 전망이다. 이러한 경제체제는 메타버스에서에서 독자적으로 구축되기도 하고 실물경제와 융합되기도 하는 독특한 체제인 '메타노믹스'로 정의할 수 있다.

실물경제와 융합되는 메타노믹스
·······························

최근 주목받는 '메타버스Metaverse'는 다양한 기업과 기관이 비즈니스에 활용하려는 움직임이 활발하다. 메타버스는 사용자가 직접 참여해 새로운 콘텐츠와 시장을 창출하고 있다. 몇몇 기관에서는 메타버스가 포함된 미래 트렌드가 웹 3.0이 될 것이라는 전망도 내놨다.

현실에서 경제가 중요하듯이 메타버스라는 가상세계에서도 '경제'가 중요하다. 사용자가 함께 콘서트를 즐기고 게임을 하는 활동도 의미 있지만, 가상세계에서의 수익 창출도 중요하다는 것이다. 메타버스에서 구축된 경제체제는 기존 인터넷, 모바일 플랫폼의 경제체제와 비슷해 보인다. 하지만 오직 메타버스에서만 가능한 경제체제도 있다.

메타버스는 하드웨어와 소프트웨어의 연결을 통해 가상세계에서 사용자 경험(UX)을 제공한다. 이때 HMD(Head Mounted Device) 등 다양한 디스플레이 기기를 사용하기도 하고 스마트폰이나 PC에서 체험하기도 한다. 다양한 매개체를 통해 경험할 수 있는 메타버스는 사용자 간 커뮤니케이션과 경제활동이 가능한 디지털 경제체제로 완성된다.

메타버스 내 경제활동은 이미 본격적으로 진행 중이다. 메타버스의 대표적인 게임 플랫폼인 로블록스는 게임 아이템 구입 등 모든 거래가 로벅스Robux라는 자체 디지털 화폐로 이루어진다. 사용자가 직접 크리에이터가 되어 제작한 아이템이나 게임을 판매할 수도 있다. 네이버 제페토나 〈마인크래프트Minecraft〉, 〈포트나이트Fortnite〉 등 다른 메타버스에서도 자체 디지털 화폐를 만들어 사용하고 있다.

로블록스와 제페토는 게임 내에서 디지털 화폐를 활용하지만, 이를 직접 현금화하거나 자산의 소유권을 보장하기는 어렵다. 가상세계에서만 사용하는 디지털화폐는 결제와 거래 같은 기능만 있다. 하지만 디센트럴랜드 Decentraland와 같은 블록체인 기반 가상세계에서는 사용자가 화폐를 실물화폐와 교환할 수 있고, 자산의 소유권을 증명할 수 있다. 크립토복셀 Cryptovoxels은 가상세계 내 예술품을 전시하지만 직접 암호화폐를 유통하지는 않는다. 실제 구매는 결제 가능한 사이트(메타버스 밖)로 이동해 이더리움 같은 암호화폐로 가능하다.

블록체인 기반 메타버스에서는 투명한 경제체제를 만들 수 있다.

┈╌┈▷ 디센트럴랜드는 블록체인 기반의 가상 세계 플랫폼으로 디지털 부동산계의 대표주자다. 사용자가 화폐를 실물 화폐로 교환할 수 있고 자산의 소유권을 증명할 수 있다.

출처_Decentraland

블록체인 기술을 통해 가상세계 내 자산에 대한 소유권을 증명할 수 있기 때문이다. 가상세계의 자산을 다른 사용자에게 판매할 경우 이력이 전부 기록되고 그것을 누구나 확인할 수 있다. 또한 전 세계 사용자가 가상세계 내 마켓플레이스에서 중개인 없이 직접 개인 대 개인으로 거래하기 때문에 중간 수수료가 없고, 신뢰를 바탕으로 경제체제를 만들 수 있다. 기존에 존재하던 자산과 가상세계에서 새로 탄생한 자산 모두 희소성에 따라 가치가 매겨진다. 이러한 희소성이 가장 빛을 발하는 공간이 메타버스다. 최근 주목받는 NFT 역시 희소성으로 가치가 오르고 증명된다.

블록체인과 NFT는 메타버스 경제활동을 뒷받침하는 핵심이다. 블록체인은 아바타와 3D 캐릭터가 익명으로 활동하는 가상세계에 신뢰를 더하고, NFT로 탄생한 아이템과 여러 자산은 실제 가치를 매길

⋯▷ 가상세계 내 예술품을 전시하는 크립토 복셀. 아래 사진은 크립토 복셀 속 강남의 모습이다.

출처_Cryptovoxels

수 있기 때문이다.

메타버스라는 또 하나의 세상이 열리면서 사람들이 가상 공간에 머무는 시간이 길어졌다. 그에 따라 다양한 경제활동도 같이 증가할 전망이다. 이러한 경제체제는 메타버스에서 독자적으로 구축되기도 하고 실물경제와 융합되기도 하는 독특한 체제인 '메타노믹스Metanomics'로 정의할 수 있다. 이때 블록체인은 메타버스 경제를 이끌어가는 핵심 기술이자 근간이 된다.

메타버스 사용자가 NFT를 비롯한 가상자산을 통해 얻은 소득이 현실세계의 실물화폐로 환전이 가능해지면 실물 경제와 가상 경제의 융합 경제활동이 촉진될 수 있다. 메타버스에서 현실과 같은 경제활동이 가능하고 이것이 현실세계에서의 경제활동으로 이어지는 것이다. 가상 경제의 발전과 구현 수준에 따라 실물 경제에도 변화가 있을 것으로 예상된다.

웹 3.0이 메타버스를 포함한 개념이라고 바라본다면 메타버스라는 가상세계에서의 벌어지는 경제활동은 웹 3.0 경제의 '일부분'이다. 우리는 현실세계의 경제활동도 고려해야 한다. 당장 집 앞 슈퍼마켓의 물건을 살 수 있는 세계는 현실세계다. 이런 맥락에서 보면 웹 3.0 시대의 경제활동은 웹 2.0과 기본은 같다. 은행 계좌와 암호화폐 지갑에서 오가는 온라인 경제활동이 있고 슈퍼마켓과 주유소에서 현금과 신용카드로 결제하는 오프라인 경제활동이 있다. 이러한 경제활동 구조는 앞으로도 크게 바뀌지 않을 것이다.

다만 웹 3.0에서는 지금까지 불가능했거나 실현하기 어려웠던, 혹은 완전히 새로운 개념의 경제활동이 가능해진다. 누군가 실제로 살고 있지 않은 메타버스 내 아파트가 거래되고, 게임을 하고 음악을 들으면서 현금과 같은 보상을 받을 수 있다. 기존 은행에서는 제공할 수 없는 수백 퍼센트 이자율의 금융 서비스가 있고, 메타버스 세계관을 만들면서 돈을 버는 직업도 있다. 메타버스를 포함한 웹 3.0 시대의 새로운 경제활동과 서비스가 빠른 속도로 다가오고 있다.

커뮤니티 :
웹 3.0의 근간이 되는 커뮤니티는 특정한 관심사와 팬덤을 기반으로 묶인 결속력 있는 공동체. 생산자뿐만 아니라 소비자와 참여자도 보상을 얻는 웹 3.0에서는 커뮤니티의 지속적인 지지가 프로젝트의 성패를 좌우한다.

DAO :
탈중앙화 자율조직 DAO는 특정한 중앙 관리 주체 없이 개인들의 자율적인 투표와 의사결정으로 운영되는 조직이다. 블록체인 기반의 토큰 이코노미를 통해 활동의 경제적 동기를 제공한다. 투명한 거버넌스로 사용자에 의해 소유되고 운영되는 새로운 조직의 가능성을 제시하고 있다.

결합성 :
누구나 오픈소스 위에 새로운 기술과 서비스를 더해 다양한 결합을 만들어 낼 수 있다. 웹 3.0 같은 신규 시장에서는 동종 및 이종 산업과 서비스의 조합이 활발히 일어난다. 결합성으로 인해 계속해서 조합이 일어나면 시장의 폭발적인 성장을 기대할 수 있다.

상호운용성 :
웹 3.0의 여러 프로토콜을 연결하고 표준화하려는 시도가 계속 일어나고 있다. 상호운용성으로 블록체인 네트워크가 연결된다면 시너지 효과가 생겨 생태계 자체가 확장될 것이다.

월렛 :
디지털 자산을 보관하는 블록체인 기반의 지갑이다. 소유자의 정체성을 드러내며 개인 신원 인증의 도구로도 쓰인다.

웹 브라우저 :

인터넷 사용의 필수적 소프트웨어로 웹 3.0 환경에 맞는 브라우저들이 등장하고 있다. 신원 인증과 디지털 지갑 제공, 보안 강화 등의 기능을 중심으로 웹 3.0 시대의 주요 도구가 될 예정이다.

아바타 :

디지털 세상에서 표현되는 또 다른 자아로 수집품으로서의 가치도 있고 신원 인증 수단으로 활용되기도 한다. 아바타를 통해 디지털 아이덴티티를 구축하고, 다양한 온라인 경험을 할 수 있다.

NFT :

대체 불가능한 디지털 자산으로 최근에 시장이 폭발적으로 성장했다. 커뮤니티의 지지에서 자산의 가치가 나오며 웹 3.0의 크리에이터 중심 생태계에서 핵심 매개체가 된다. 다양한 산업에서 적극적으로 개발하고 있으나 투기성, 복잡성, 저작권 문제 등이 해결과제로 남아 있다.

메타버스 경제 :

가상세계에서의 수익 창출이 중요해지고 있다. 메타버스에서만 가능한 경제활동이 있으며, 실물경제와의 융합도 이루어지고 있다. 블록체인 기술을 활용해 투명한 경제체제를 구축할 수 있다.

WEB 3.0
REVOLUTION

웹 3.0 시대의
투자와 경제

X2E,
행동한 만큼 벌어들이는
경제활동

X2E 모델은 웹 3.0 시대의 경제활동에 가장 적합하다. 사용자가 중심이 되며 사용자의 활동에 기반해 비즈니스와 서비스가 유지되고, 사용자가 보상을 받기 때문이다. X2E는 사용자가 자신이 만들어내고 기여한 산물에 대한 소유권과 보상을 받을 수 있다는 점에서 웹 3.0 시대를 이끌어갈 새로운 경제활동이 될 수 있다.

돈 버는 게임 P2E

. . . .

X2E는 어떤 행위를 통해 보상을 얻는 모델, 혹은 경제활동을 일컫는다. '플레이 투 언(P2E, Play to Earn)'이 대표적이다. 말 그대로 게임을 하면서 돈을 번다는 뜻이다. 게임 내에서 포인트나 게임 머니를 획득하면 그것을 현금화가 가능한 암호화폐나 NFT 같은 디지털 자산으로 교환할 수 있다.

P2E가 널리 알려지면서 게임 외에도 다양한 형태로 보상을 얻을 수 있는 모델들이 등장했고, 이 모든 모델을 통칭해 X2E(X to Earn)라 부르고 있다. 그림이나 이미지를 제작하면서 수익을 얻는 D2E(Draw to Earn), 공부하며 수익을 얻는 L2E(Learn to Earn) 등 X2E는 행위를 통해 블록체인 기반의 서비스에서 수익을 얻을 수 있게 한다.

가장 대표적인 X2E 모델인 P2E는 블록체인과 암호화폐를 활용해 보상을 제공한다. P2E 이전의 게임이 돈을 내고 게임을 하거나 무료로 게임을 하는 두 가지 방식으로 존재했다면 이제는 게임을 하면서 돈을 버는 것이 하나의 새로운 방식으로 떠올랐다. P2E는 게임 내 구조에 수익 획득과 재화로의 교환이라는 단계를 품고 있다. 게임사가 블록체인을 활용한 게임 관련 코인과 NFT 등을 제작하면 유저는 게임을 하면서 이를 얻어 현금화할 수 있다.

2021년 가장 큰 화제를 불러왔던 게임이 〈엑시 인피니티^{Axie Infinity}〉라는 P2E 게임이다. 게임에 사용하는 캐릭터는 NFT로 제작되었는데, 이 캐릭터로 게임을 하며 대결에서 승리하거나 특정 미션을 달성하면 대표적인 P2E 게임 〈엑시 인피니티〉. 게임을 하면 현금화가 가능한 보상을 지급한다.

출처_Axie Infinity

현금화가 가능한 보상을 받을 수 있다.

〈엑시 인피니티〉가 출시된 이후 동남아에서는 이 게임을 플레이하고 받은 보상으로 생계를 이어가는 사례가 생기기도 했다. 〈엑시 인피니티〉에서 받을 수 있는 보상이 암호화폐 가격 상승과 더불어 함께 커졌기 때문이다. 여러 스마트폰으로 하루 종일 게임을 자동 모드로 플레이하는, 마치 비트코인 채굴장과 같은 전문 업체가 등장했을 정도였다.

하지만 암호화폐 가격이 하락하면서 유저들은 이전과 같은 보상을 받지 못하게 됐다. 게다가 〈엑시 인피니티〉는 게임 자체가 단순해 재미를 느끼지 못한다는 단점도 있었다. 현재는 과거만큼의 보상을 받기는 힘든 상황이 됐지만, 여전히 게임을 통해 보상을 받으려는 유저들은 존재한다.

〈엑시 인피니티〉의 성공 후 많은 국내외 게임사가 P2E 모델을 자체적으로 제작하기에 이르렀다. 국내 게임사 중 위메이드는 〈미르4〉를 글로벌 버전으로 출시해 암호화폐로 환전할 수 있는 게임 보상을 제공하고 있다. 이 밖에 컴투스와 넷마블을 비롯한 많은 게임사가 P2E 게임을 출시할 것을 발표했는데, 국내에서는 규제로 인해 P2E 제공이 불가능한 상황이다. 따라서 국내 게임사도 해외에서만 P2E 게임을 출시하고 있다.

이처럼 게임사는 P2E와 NFT를 게임 요소로 받아들여 게임에서 새로운 금융·경제 시스템인 '게임파이 Game-Fi'를 만들기 시작했다. NFT를 게임 캐릭터와 아이템으로 활용하고 현금화 가능한 보상이 주어지는 P2E 모델을 결합하며 게임 이코노미를 확장하고 있다. 기존에 게임 아이템을 사고파는 구조는 음성적으로 이루어졌다. 하지만 이제는 암호화폐와 NFT를 기반으로 거래를 양지로 끌어올릴 수 있게 됐으며 게임사는 새로운 비즈니스 모델을 만들 수 있게 됐다. 아이템 거래 수수료를 새로운 매출로 확보할 수 있고, 게임의 직접 유통도 꿈꿀 수 있다. 스팀 Steam이나 구글 플레이 스토어, 애플 앱 스토어와 같은 유통 플랫폼을 거치지 않고 게이머에게 직접 게임을 제공하면 수수료를 줄이고 이를 게이머와 나누는 구조도 만들 수 있다.

P2E를 비롯한 X2E는 사용자가 직접 서비스, 네트워크에 참여해 가치를 만들어내고, 이에 대해 행동한 만큼의 보상을 받는 구조로 이루어져 있다. 플랫폼이 모든 가치를 보유하는 것이 아니라 크리에이터와 커뮤니티가 수익을 나눠 가질 수 있는 것이다.

중요한 것은 이러한 X2E 구조가 지속 가능할 것인가에 있다. 돈을 벌거나 게임을 즐기는 등의 목적과 관계없이 장기적으로 유저가 머무를 수 있게 하려면 지속적인 자본의 흐름과 NFT 제작 및 판매와 같은 다양한 활동이 뒷받침되어야 한다.

P2E 게임으로 성공한 모델들은 블록체인 기반의 단점 중 하나인 속도나 확장성 문제를 해결하는 데 주력했다. P2E 게임은 활동의 특성상 많은 데이터가 빠르게 생성되는데 이를 수용할 수 있는 기술적인 인프라가 필요하다. 또한 사용자 기반의 커뮤니티도 큰 몫을 한다. 결국 '사용자'가 P2E의 핵심이기 때문에 커뮤니티가 얼마나 지지를 보내고 서비스에 머물면서 함께하는지가 성공의 관건이 된다.

나의 모든 활동이 돈이 된다

앞서 살펴본 P2E 게임 방식이 아닌 다른 X2E 모델은 어떠한 행동으로 사용자가 보상을 받고, 어떻게 그들이 서비스에 머물며 지속적인 행동을 하게 할 수 있을지 고민이 필요하다. 예를 들어 음악을 듣고 보상을 받는 L2E(Listen to Earn)의 경우 사용자인 리스너가 가장 중요하다. 리스너가 보상을 받기 위한 '리스너 이코노미'를 만들기 위해서는 음악, 커뮤니티, 경제활동이라는 세 가지 요소가 필요하다.

음악은 음원, 음반, 스트리밍 등 콘텐츠를 의미하며, 커뮤니티는 일반 음악 청취자부터 아이돌 팬 등 음악을 듣고 소비하는 모든 주체를 포함한다. 경세활동은 L2E 모델 기반의 보상 구조와 광고, 매출, 저작

···➤ L2E 모델의 선순환 구조. 사용자가 생태계에 활발히 참여하면 리스너 이코노미가 활성화된다.

출처_에이블랩스

권료 등이 해당한다. L2E는 리스너가 음악을 소비하고 활동하는 만큼 보상이 주어지고, 이를 다시 소비하면서 지속적인 리스너 중심의 경제활동이 이루어진다. 리스너 이코노미가 활성화되면 더 많은 음악이 음반, 스트리밍 시장에서 소비되고 창작자와 중개자 및 이해관계자의 수익 증가도 기대할 수 있다.

이처럼 X2E 모델이 제대로 작동되기 위해서는 사용자의 행동을 정의하고 사용자의 행동으로 인해 경제활동이 지속적으로 돌아갈 수 있도록 서비스와 보상체계 등을 구축해야 한다. 또한 암호화폐 가격 변동으로 인해 X2E 모델의 근간이 흔들리지 않도록 설계되어야 한다.

X2E는 지속적으로 발생 가능한 많은 행동에 적용할 수 있기 때

문에 다양한 산업 군의 비즈니스에서 활용도가 높을 것으로 보인다. 그림과 관련된 비즈니스인 D2E(Draw to Earn), 패션 산업과 관련된 W2E(Wear to Earn), 만드는 것과 관련된 B2E(Build to Earn) 등 다양한 형태의 모델이 생겨날 수 있다.

최근 사례로 M2E(Move to Earn) 혹은 W2E(Walk to Earn)라 불리는 개념을 도입한 스테픈STEPN이 있다. NFT 운동화를 구입하고 실제로 실외에서 걷거나 뛰면서 암호화폐를 채굴하는 방식이다. 실물 운동화는 아니지만 사용자의 스마트폰 GPS와 연동해 운동량을 확인할 수 있다. 이와 같은 형태의 운동량에 따른 보상 지급 서비스는 과거부터 계속 있었지만, NFT와 P2E를 결합한 서비스가 본격적으로 등장했다는 점에서 의미 있다. 이처럼 X2E 방식의 게임과 서비스는 다양한 유형으로 계속 생겨나고 있다.

기존 기업이 새롭게 X2E를 적용하는 것도 충분히 가능하다. 사실 유튜브가 크리에이터에게 수익을 지급하는 것도 개념적으로는 C2E(Create to Earn) 형태로 볼 수 있다. 다만 창작자에게 수익을 지급하는 것이지 유튜브를 사용하는 사용자가 보상을 받는 형태는 아니기 때문에 진정한 의미의 X2E라고 보기는 어렵다. X2E는 창작자와 소비자, 플랫폼 등 생태계에 포함된 모두가 보상을 받는 것이 핵심이기 때문이다.

하지만 X2E 모델을 적용한다고 해서 모든 행동에 보상을 부여한다거나 X2E가 모든 비즈니스에 적용 가능한 것은 아니다. X2E를 지속 가능한 형태로 구축할 수 없다면 이는 부정적인 방향으로 사용될 여지가 많다. 보상만 노리고 참여하는 사용자도 있을 것이고 서비스나 게임이 주는 가치가 없어 사용자가 급격하게 빠져나갈 수도 있다. 따라서 X2E 모델을 적용하거나 구축할 때는 기존 비즈니스와 사용자를 고려해 신중히 준비해야 한다.

X2E 모델은 웹 3.0 시대의 경제활동에 가장 적합하다. 사용자가 중심이 되며 사용자의 활동에 기반해 비즈니스와 서비스가 유지되고, 사용자가 보상을 받기 때문이다. 플랫폼이나 사업 주체가 모든 이익을 가져가는 것이 아니다. X2E는 사용자가 자신이 만들어내고 기여한 산물에 대한 소유권과 보상을 받을 수 있다는 점에서 웹 3.0 시대를 이끌어갈 새로운 경제활동이 될 수 있다. 앞으로는 더욱 다양한 X2E 모델이 등장할 것이기 때문에 X2E 모델을 직접 만들거나 참여할 기회가 확대될 것이다.

웹 3.0 속
암호화폐
시장

2022년은 웹 3.0이 본격적으로 논의될 시기이며 암호화폐 시장 역시 지속적으로 성장할 것이라는 전망이 나왔다. 암호화폐 전체 시가총액은 2,000조 원에 달하고 암호화폐를 거래하는 중앙화 거래소의 수익은 역대 최고치를 경신했다. 암호화폐 시장이 엄청난 속도로 성장하고 있다. 과연 2022년 이후 암호화폐 투자는 어느 방향으로 흘러갈까?

시가총액 2,000조 암호화폐 시장

미국 최대 암호화폐 거래소 '코인베이스Coinbase'는 2022년 초 웹 3.0과 암호화폐 경제에 대한 예측 보고서를 발간했다.[14] 암호화폐 업계의 블룸버그라 불리는 리서치 회사 메사리Messari 역시 암호화폐 리포트를 내놓으면서 웹 3.0과 암호화폐 투자 의견을 제시했다.[15] 2022년은 웹 3.0이 본격적으로 논의될 시기이며 암호화폐 시장 역시 지속적으로 성장할 것이라는 전망이 나왔다.

2020년 후반부터 2021년, 엄청난 자금이 암호화폐 시장에 유입됐다. 블록체인 기술을 개발한 기업, 암호화폐를 발행한 재단, 암호화폐 관련 서비스를 제공한 기업들을 대상으로 활발한 투자가 이어졌다. 앤드리슨 호로위츠(a16z)나 패러다임Paradigm 등의 암호화폐 펀드는 최소 10억 달러 이상의 자금을 운용하고 있다. 마이크로스트레티지MSTR, Microstrategy와 테슬라 같은 기업은 비트코인을 지속해서 매입했다. 여기에 전통적인 헤지펀드와 금융기관, 국가연금 펀드 등까지도 암호화폐를 자산으로 매입하기 시작했다. 또한 비트코인 현물 ETF 상품은 아직 미국 증권거래위원회(SEC)의 승인을 받지 못했지만, 선물 ETF가 승인되어 전통 자산 시장에서 거래되기 시작했다. 암호화폐 전체 시가총액은 2,000조 원에 달하고 암호화폐를 거래하는 중앙화 거래소의 수익은 역대 최고치를 경신했다. 암호화폐 시장이 엄청난 속도로 성장하고 있다. 과연 2022년 이후 암호화폐 투자는 어느 방향으로 흘러갈까?

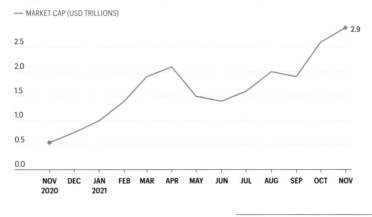

Crypto's total market cap has soared in one year

— MARKET CAP (USD TRILLIONS)

출처_차트: Yvonne Lau, 자료: coinmarketcap

비트코인과 알트코인의 미래

웹 3.0 시대에도 신용카드나 현금의 사용, 주식과 부동산 투자 등 기존의 경제활동과 투자는 크게 달라지지 않는다. 다만 NFT를 비롯한 디지털 자산과 10,000여 종류가 넘는 암호화폐, 새로 등장할 암호화폐, 디파이로 탄생하는 금융 상품, 메타버스에 존재하는 가상 부동산 등 웹 2.0 시대에 쉽게 볼 수 없었던 투자 방식과 상품이 등장할 것이다.

새로운 암호화폐와 금융 상품의 등장 속에서 비트코인은 어떠한 위치에 있을까? 비트코인은 웹 3.0 시대 디지털 세계의 중심 자산이 될 것이다. 비트코인은 지금도 암호화폐 중 가장 큰 시가총액을 유지하고 있으며, 큰 가격 변동 폭에도 불구하고 지난 10년간 가격과 시가총액이 지속적으로 우상향했다. 최근까지는 비트코인과 나머지 대부분의 암호화폐가 큰 상관관계를 보여왔다. 비트코인의 가격 변화와 도미넌스(전체 시가총액에서 해당 자산이 차지하는 비중)에 따라 대부분의 암호화폐 역시 가격이 출렁였다.

비트코인의 채굴량이 점차 줄어들고 다양한 암호화폐가 계속 등장하면서 비트코인과 알트코인(비트코인을 제외한 모든 종류의 암호화폐)의 상관관계가 약해질 것이라 보는 시각도 있다. 하지만 비트코인은 앞으로 각국 은행이 보유하는 금이나 준비금처럼 주요 자산으로 취급될 가능성이 크다. 비트코인은 이미 누구도 없앨 수 없는 디지털 자산으로서 확고히 자리 잡았으며 앞으로도 그 지위가 유지될 확률이 높다.

비트코인을 제외한 모든 알트코인 중에서 역시 가장 많은 관심을 받는 것은 이더리움이다. 이더리움은 암호화폐 시가총액 2위 자리를 계속 지키고 있다. 이더리움 기반으로 발행된 암호화폐나 이더리움 블록체인상에 만들어진 서비스가 워낙 많아 범용성이나 활용성이 높기 때문이다. 하지만 이더리움은 수수료가 비싸다는 단점을 여전히 해결하지 못하고 있으며, 개발 계획으로 제시한 내용들이 달성되지 못하고 일정이 지연되고 있어 우려의 목소리도 있는 것이 사실이다.

이런 이더리움의 문제점을 해결하기 위해 레이어2 Layer2 솔루션이 계속해서 등장하고 있다. 이더리움 블록체인과 같이 다른 여러 블록체인 프로젝트의 기반이 되는 것을 '레이어1 Layer1' 체인이라 하는데, 레이어2는 레이어1이 가진 한계와 문제점을 해결하기 위해 추가된 블록체인을 의미한다. 레이어2 솔루션 중에는 이더리움의 수수료 문제를 해결할 방안을 제시하며 블록체인을 개발할 수 있는 프로젝트들이 발전하고 있다.

레이어2는 레이어1 위에서 작동하는 블록체인이라서 레이어1에 대한 의존도가 높다. 레이어1 블록체인은 이더리움 외에도 솔라나Solana, SOL, 아발란체Avalanche, AVAX, 카르다노Cardano, ADA, 테라Terra, LUNA 등이 있다. 이들 블록체인을 기반으로 금융, 소셜 서비스 등을 제공하는 자체 생태계가 구현될 수 있다. 각 블록체인은 차별화된 프로젝트나 서비스를 제공한다. 따라서 어느 블록체인이 더 뛰어나다고 단순히 비교, 평가하는 것은 적절치 않다. 개별 암호화폐에 투자할 때도 우선 각 블록체인의 특성을 잘 파악하는 것이 좋다.

┈┈> 이더리움을 기반으로 한 레이어2 솔루션.

출처_자료: CoinGecko, 차트: Coin98 Analytics

암호화폐의 가격과 정보를 제공하는 '코인마켓캡^{CoinmarketCap}' 사이트(https://coinmarketcap.com/)에 등록되어 정보를 확인할 수 있는 암호화폐의 종류는 현재 17,000가지가 넘는다. 이 다양한 암호화폐 중 어느 것에 투자할지 신중하게 결정해야 한다. 암호화폐는 워낙 종류가 많고, 24시간 계속 거래되며, 등락 폭이 심해 일반적인 투자 관점으로 접근하기는 어렵기 때문이다.

⋯⋙ 코인마켓캡 웹 사이트에서 볼 수 있는 암호화폐 순위. (2022년 3월)

☆ Watchlist	🎯 Portfolio		Cryptocurrencies	Categories	DeFi	NFT	Metaverse	Polkadot
	# ▲	Name		Price	24h %	7d %		Market Cap ⓘ
☆	1	Ⓑ Bitcoin BTC Buy		$40,950.63	▾ 0.19%	▴ 4.04%		$777,323,235,689
☆	2	◆ Ethereum ETH Buy		$2,816.51	▴ 2.29%	▴ 8.04%		$337,745,568,386
☆	3	Ⓣ Tether USDT		$1.00	▴ 0.01%	▾ 0.00%		$80,160,426,307
☆	4	🟡 BNB BNB Buy		$390.00	▴ 1.68%	▴ 4.96%		$64,473,331,618
☆	5	Ⓢ USD Coin USDC		$1.00	▴ 0.03%	▴ 0.04%		$52,723,106,419
☆	6	✖ XRP XRP		$0.7962	▴ 1.26%	▴ 7.46%		$38,378,435,858
☆	7	◐ Terra LUNA Buy		$87.25	▾ 1.44%	▾ 12.51%		$32,086,597,887
☆	8	◎ Solana SOL Buy		$88.48	▴ 3.00%	▴ 5.81%		$28,330,925,243

출처_coinmarketcap

웹 2.0을 대체할 암호화폐

암호화폐 시장은 지금까지 비트코인 반감기(채굴의 보상이 절반으로 줄어드는 시기)에 따라 일정한 사이클로 움직이는 경향이 있었다. 대략 4년마다 돌아오는 반감기는 첫 번째가 2012년 11월, 두 번째 2016년 7월, 세 번째 2020년 5월이었다. 암호화폐는 반감기 이후 6개월에서 1년 사이에 큰 가격 상승을 보여왔다. 다음 반감기는 2024년 3월경으로 예상되고 있다. 이 같은 논리라면 2024년 말에서 2025년 사이에 다음 암호화폐 상승이 올 거라 짐작할 수 있다.

하지만 이와 같은 사이클이 앞으로도 유지될 것인지에 대해서는 명확히 알 수 없다. 많은 기관 투자금이 유입되며 이전과는 암호화폐 시장 상황이 달라졌다는 의견과 반감기 사이클에 의해 과거와 같은 현상이 일어날 것이라는 의견이 팽팽하다. 어떠한 상황이 펼쳐지든 간에 큰 흐름에서 주목할 부분이 있다. 바로 각 산업과 서비스에서 웹 2.0이 웹 3.0으로 변하고 있다는 사실과 레이어1 블록체인(메인넷)의 상호운용성이 앞으로의 관건이 될 것이라는 점이다.

과거 웹 2.0 기반의 서비스를 웹 3.0 기반 서비스가 대체할 거라는 예측이 나온다. 암호화폐 리서치 회사 메사리는 데이터 관리 및 저장, 인터넷 도메인 서비스 등 IT 인프라 관련 영역이 블록체인 기반 서비스로 대체될 수 있다고 예측한다. 또한 음악, 게임, 콘텐츠, 영상, 광고 등 여러 애플리케이션 서비스도 웹 3.0 기반 서비스로 바뀔 것으로 본나. 이러한 서비스들은 기존 중앙집중식 데이터 저장, 관리 방식이 아

···▷ 코인베이스에서 발표한 웹 3.0시대의 암호화폐. 프로토콜, 인프라, 사용 서비스, 액세스 등 종류별로 구분되어 있다.

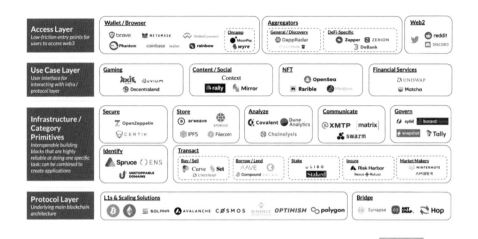

출처_Coinbase

닌 '분산화 방식'을 채택한다. 애플리케이션은 사용자에게 보상을 제공하면서 분산화된 데이터 인프라를 기반으로 데이터 소유권을 사용자에게 부여한다. 이 과정에서 암호화폐가 보상으로 주어지므로 이와 같은 흐름은 어느 산업, 서비스 영역이 빠르게 웹 3.0으로 변하는지에 따라 암호화폐 개별 투자에 영향을 줄 수 있을 것이다.

하나로 연결되는 블록체인

2017~2018년에는 독립적인 생태계를 갖춘 메인넷으로 이더리움과 카르다노 등이 주목받았다. 당시 등장한 메인넷은 스마트 콘트랙

트를 통해 비트코인 외 블록체인에서 다양한 서비스를 구현할 수 있게 만들어줬다. 이더리움 블록체인을 비롯한 메인넷 기반의 다양한 프로젝트와 암호화폐가 탄생하는 계기가 된 것이다. 2019~2020년 암호화폐 시장이 침체기를 겪으면서 개발에 집중한 여러 메인넷이 이더리움의 단점을 보완하고 새로운 생태계를 만들기 위해 등장했다.

2021년에는 솔라나, 테라, 아발란체, 코스모스 Cosmos, ATOM, 폴카닷 PolKadot, DOT 등 여러 블록체인 메인넷이 주목을 받으며 자체 생태계를 구축하고 다양한 서비스를 선보였다. 암호화폐의 가격 상승도 일어났으며 이러한 메인넷 위에서 NFT와 디파이 같은 서비스가 구현되기 시작했다. 앞으로도 새로운 메인넷이 등장해 차별화된 기술과 기능으로 기존 메인넷과 경쟁할 것으로 예상한다. 향후 관건은 이렇게 다양한 블록체인 메인넷이 존재하면서 이들이 '어떻게 하나의 인터넷처럼 작동할 것인가'에 있다. 경쟁을 통해 시장과 기술의 발전은 가능하겠지만, 블록체인 기반 웹 3.0이 지금의 인터넷처럼 작동하기 위해서는 단일 프로토콜에서 작동하거나 혹은 여러 블록체인이 연결되어 하나의 네트워크를 이뤄야 한다.

이것은 여러 블록체인이 서로 연결되는 인터체인, 더 나아가 '상호운용성'과 연관된다. 단일 블록체인의 성능이나 생태계도 물론 중요하지만, 앞으로는 이들이 서로 연결되어야 할 필요성이 더욱 중요해질 것이다. 단일 블록체인 생태계만 늘어나고 상호운용성이 발현되지 않는다면 웹 3.0의 대중화는 요원하다. 따라서 여러 블록체인과 암호화폐를 서비스로 묶거나 연결하려는 시도가 지속돼야 한다.

상호운용성의 발전은 하나의 암호화폐를 다른 암호화폐와 교환하거나 송금하는 것에서부터 출발할 수 있다. 한발 더 나아가면 여러 암호화폐를 묶어 금융 상품을 만들거나 암호화폐 소유자가 다른 암호화폐와의 거래를 위해 유동성을 공급하는 것이 그 방법이 될 수 있다. 사용자는 자신이 소유한 암호화폐를 예치함으로써 시장에 유동성을 공급할 수 있는데, 이때 유동성 공급의 대가로 보상 및 타 암호화폐 이자가 주어져 새로운 금융 상품을 개발하는 시작점이 될 수 있다. 예를 들어 특정 서비스나 금융 상품을 이용하면서 사용자가 비트코인을 맡기면 이더리움 등 다른 암호화폐로 이자를 받는 방식이 가능하다. 앞으로는 이렇게 암호화폐 직접 투자는 물론 암호화폐를 활용한 다양한 투자 방식이 주목받을 것이다. 그중 현재 가장 대표적인 방식이 '디파이'다.

탈중앙화 금융 디파이의 탄생

지금까지 전통적인 방식의 금융은 은행, 증권사 등 중개자 역할을 하는 기관에 의존했다. 하지만 디파이의 금융 애플리케이션은 어떠한 중개자도 필요로 하지 않는다. 블록체인 코드에 가능한 모든 규칙과 해결 방안이 명시되어 있기 때문이다.

은행 없는 금융이 펼쳐지다

······················

흔히 디파이(De-Fi, Decentralized Finance)라 불리는 탈중앙화 금융은 '블록체인 네트워크 위에서 작동하는 금융 애플리케이션 생태계'를 일컫는다. 디파이는 어떠한 중앙화된 중개자 없이 작동하는 오픈소스로 누구나 이용할 수 있다. 투명한 블록체인 기반 금융 생태계로서 다양한 금융 상품을 개발할 수 있고 별도의 허가가 필요 없다. 디파이를 이용하는 사용자나 투자자는 자신의 자산을 직접 통제하며, 저렴한 수수료와 높은 이자율과 같은 차별화된 경험을 누릴 수 있다.

디파이는 은행 서비스 등 기존의 금융 시스템을 이용할 수 없던 사용자들의 접근성을 높인다. 또한 기존과 다른 금융 생태계를 지향하는 사람들의 지지를 얻으며 만들어지기도 한다. 디파이는 퍼블릭 블록체인(누구나 참여 가능한 개방형 블록체인)의 특성상 상호운용성이 높은 애플리케이션 위에 구축된다. 상호운용성을 기반으로 여러 블록체인과 관련 생태계가 연결되어 새로운 금융 서비스가 만들어지고 제공된다.

지금까지 전통적인 방식의 금융은 은행, 증권사 등 중개자 역할을 하는 기관에 의존했다. 하지만 디파이의 금융 애플리케이션은 어떠한 중개자도 필요로 하지 않는다. 블록체인 코드에 가능한 모든 규칙과 해결 방안이 명시되어 있기 때문이다. 사용자는 언제든지 자신의 자산에 접근하고 그것을 통제하는 것이 가능하다. 이러한 방식은 중개 수수료 등 금융 상품을 이용하는 데 필요한 비용을 감소시키고 더 많은 사람이 금융 시스템에 참여하는 계기를 만들 수 있다.

　개방적인 생태계를 가진 디파이의 가장 중요한 이점은 기존 금융 서비스에 접근하기 어려웠던 사람들이 쉽게 서비스를 이용할 수 있게 된다는 것이다. 그동안 어떠한 이유로 은행에 갈 수 없던 사람들도 인터넷에 연결할 수만 있다면 디파이의 금융 서비스를 이용할 수 있다. 또한 디파이는 전통 금융의 여러 불편함을 해결해줄 수 있다. 현재 은행에서는 계좌를 개설할 때 실적이나 신용을 확인해 입출금을 제한하기도 하고, 증권사에서는 주식을 현금화하는 데 3일씩이나 걸린다. 다른 증권사로 주식을 옮기는 과정도 간단하지 않다. 이러한 과정에서 일명 '전환 비용'이 발생한다. 또한 아무리 기관이 금융 시스템을 투명하게 운영한다고 해도 현재의 체계에서는 금융 관련 정보에 누구나

⋯⋗ 디파이는 중앙화 금융(CeFi)과 다르게 중개 기관 없이 작동한다. 사용자는 자신의 자산을 직접 통제하며 저렴한 수수료와 높은 이자율 등의 이점을 누릴 수 있다.

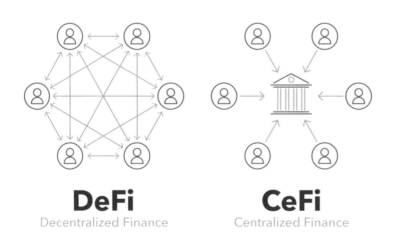

DeFi
Decentralized Finance

CeFi
Centralized Finance

접근해 내용을 확인하는 것 자체가 어렵다. 정보의 요청과 확인까지 시간이 걸리기도 하고, 중개자가 공개하지 않는 정보도 있기 때문이다. 하지만 디파이에서는 모든 데이터가 공개되어 있어 누구나 언제든 이자율, 예금 대비 대출 비율, 리스크 수치 등의 정보를 확인할 수 있다.

전통적인 금융 시스템의 기관은 '중개자'로서 이익을 창출해야 하기 때문에 서비스 이용자의 신용도와 재산 상태를 중시한다. 저소득층에게는 리스크를 감안해 높은 이자율을 적용하고, 때로는 금융 서비스를 아예 이용하지 못하도록 하는 것이 이런 이유 때문이다. 하지만 디파이에서는 블록체인의 자동화된 코드와 토큰 보유량 등을 기반으로 이러한 과정을 단축시킨다. 이와 같은 금융 시스템은 개발도상국 국민이나 저소득층과 같이 금융 서비스 접근에 어려움을 겪고 있는 이들도 넓은 범위의 금융 서비스를 사용할 수 있게 한다.

예금, 대출, 보험, 모두 다 디파이로
· ·

그럼 디파이는 구체적으로 어떤 금융 서비스를 제공할 수 있을까? 가장 일반적인 유형은 전통 금융시장에서 제공하는 서비스와 상품들과 같다. 은행이나 증권사가 제공하는 담보대출, 예금, 적금, 보험 등이 이에 해당한다.

이런 서비스를 제공하는 디파이 애플리케이션 중 가장 중요한 것이 '탈중앙화 거래소(DEX, Decentralized Exchange)'다. 탈중앙화 거래소에서는 사용자가 신뢰할 수 있는 중개자(중앙화 거래소) 없이도 디지털 자산을 거래할 수 있다. 사용자의 신원과 자산 상태를 증명할 수 있는 블록체인 기반 지갑만으로 자산의 거래와 교환이 가능하다.

다음은 '대출' 관련 애플리케이션이다. 개방된 대출 프로토콜은 디파이에서 현재 가장 인기 있는 유형의 서비스를 제공한다. 탈중앙화된 대출, 대여 시스템은 전통 금융 시스템에 비해 많은 이점을 갖고 있다. 별도의 신용 심사 없이도 소유한 암호화폐를 담보로 맡기면 즉각적인 대출 거래가 체결된다. 암호화폐뿐만 아니라 NFT를 비롯한 다른 디지털 자산을 담보로 맡기고 대출을 받을 수 있다.

신용점수가 필요한 신용사회에서는 자산 보유 현황에 따라 대출에 제약이 발생한다. 또한 담보대출을 위해 많은 서류를 제출해야 하고 이 과정에서 중개자가 수수료를 가져가 비용이 발생한다. 하지만 디파이에서는 사람이 아닌 컴퓨터 프로그램으로 대출이 진행되기 때문에 시간과 비용이 절약된다.

익명성이 전제되는 블록체인에서는 대출 수요자들 각각의 신용도 평가가 불가능하다. 따라서 디파이의 대출 서비스는 신용대출이 아니라 담보대출이 거의 대부분이다. 디파이에서는 사용자가 디지털 자산을 소유하고만 있다면 그 자체가 신용이며 담보물이 되기 때문에 대출의 제약이 줄어든다.

이밖에도 디파이에는 예금, 적금처럼 암호화폐를 맡기고 이자를 받는 서비스도 있고, 보험 서비스도 있다. 이러한 디파이 서비스의 확산

⤳ 대표적인 디파이 프로젝트. 플랫폼별로 예금, 대출, 보험 등 다양한 서비스를 제공한다.

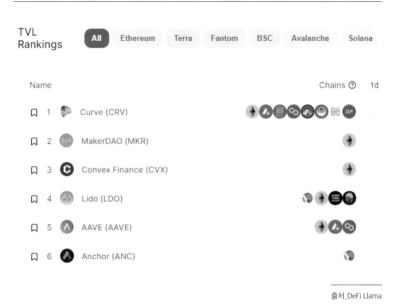

출처_DeFi Llama

에는 암호화폐의 가치가 달러나 원화 같은 법정통화와 동일하게 유지되는 '스테이블 코인Stable Coin'의 발행이 큰 역할을 했다. 대표적인 스테이블 코인으로 달러와 1:1로 연동되는 암호화폐인 USDT와 USDC가 있다. 스테이블 코인에는 크게 세 가지 종류가 있다. 첫 번째는 법정 통화를 담보로 삼아 발행하는 스테이블 코인이다. 발행 주체는 실제 발행된 스테이블 코인만큼 법정 통화인 달러를 갖고 있어야 한다. 두 번째는 암호화폐를 담보로 삼아 발행하는 유형이다. 이더리움 같은 암호화폐를 담보로 발행하는 스테이블 코인 중에는 대표적으로 다이DAI가 있다. 1다이는 1달러의 가치를 가진다. 마지막은 알고리즘 스테이블 코인이다. 담보 자산이 없지만 알고리즘을 통해 스테이블 코인의 수요와 공급을 조정해 가치를 1달러에 가깝게 유지한다.

하지만 스테이블 코인에도 문제가 있다. 실제 달러는 미국 연방준비은행(FRB)이 발행하지만, 달러와 같은 가치를 지닌 스테이블 코인은 민간 주체가 발행하기 때문이다. 스테이블 코인에 문제가 생기면 미국 금융 시스템까지 영향을 받을 수 있다는 의미다. 그래서 최근 이를 규제하려는 움직임이 거세다. 여러 국가에서 CBDC(Central Bank Digital Currency)와 같은 자국 통화 기반의 암호화폐를 만들려는 움직임도 이러한 문제의 영향이 크다.

반드시 알아야 할 디파이의 리스크

디파이의 등장이 전통 금융 서비스를 모두 해체하고 위협할 정도의 상황은 아니다. 디파이에도 위험이 존재하기 때문이다. 해킹 사고가 발생하거나 시스템이 오류를 일으킬 수도 있고, 잘못 설계된 금융 상품 때문에 리스크가 커질 수도 있다. 암호화폐의 변동성으로 인해 맡겨 둔 자산이 청산되는 경우도 있다.

또한 블록체인은 여러 데이터를 분산 저장하고 합의 알고리즘에 의해 데이터를 일일이 검증하다 보니 일반적으로 중앙화 금융 시스템보다 느리다. 하지만 이런 단점은 블록체인 속도나 확장성이 개선되면 해결될 수 있다.

그리고 아직까지는 디파이에 접근하는 프로세스의 복잡성이 사용자에게 꽤 높은 허들이 된다. 디파이 서비스를 이용하려면 일단 법정

통화를 암호화폐로 교환해야 하고, 이를 개인 지갑으로 전송해야 하는데 이때 방법적인 어려움이 있을 수 있다. 그래서 디파이를 사용하고 싶어도 포기하는 사람들이 있다. 또한, 탈중앙화 금융에서는 자산의 소유권이나 보안을 개인이 직접 책임져야 하므로 암호나 보안 문구(시드 구문) 등의 보관에 각별한 주의가 필요하다. 보안 문구를 잃어버릴 경우 디지털 자산을 영영 찾을 수 없을 수도 있다. 현재 많은 디파이 서비스들이 이러한 사용자 경험 문제를 개선하기 위해 노력하고 있다.

디파이 서비스의 해킹 문제도 지속적으로 발생하고 있다. 따라서 앞으로는 해킹과 피싱 등 IT 기반 금융 서비스에서 일어나는 사고에 대해 보안을 강화하고, 사용자가 안전하게 자산을 보관하고 관리할 수 있는 환경이 제공돼야 한다. 전통 금융 시스템은 금융 사고에 대한 보상 체계가 구축되어 있는 경우가 있지만, 디파이에는 이러한 체계가 전무하기 때문에 더욱 보안에 신경 써야 한다.

디파이는 전통적인 금융기관과 국가 정책에 의존하던 구조에서 벗어나 사람의 개입이 없는 자동 금융 시스템을 만든다. 이는 기존 금융 시스템과 비슷하면서도 다른, 새로운 금융 시스템을 만들어 가는 데 초점을 맞추고 있다. 디파이는 개방적이고 혁신적인 새로운 금융 시스템의 가능성을 제시하고 있으며 빠르게 발전 중이다. 탈중앙화 금융 생태계에는 앞서 언급한 금융 서비스 외에도 다양한 개방형 금융 서비스와 상품이 계속해서 등장하고 있다. 지금부터는 새로운 형태의 디파이 상품을 살펴보도록 하자.

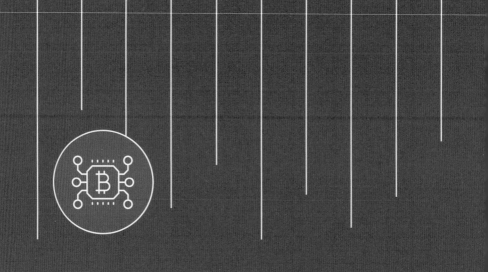

디파이 기반
금융 투자법 3가지

디파이의 발전은 기존 중앙 조직으로부터 금융 권력을 넘겨받는 기폭제가 될 수 있다. 점차 금융 권력이 탈중앙, 개방형 금융으로 이동한다면 개인은 금융 서비스의 이용자에 그치는 것이 아니라 금융 서비스의 중심에 서게 될 것이다.

이자 농사, 암호화폐를 맡기고 이자 받는 법

새로 등장한 디파이 상품으로는 이자 농사, 합성 자산, NFT 분할 등이 있다. 가장 먼저 '이자 농사'를 알아보자. 이자 농사는 암호화폐를 보유하며 이자를 받는 방법으로 '유동성 마이닝(Liquidity Mining)'이라고도 한다. 블록체인상에 구축된 금융 상품에 자신이 보유한 암호화폐를 제공하고 보상을 받는 것이다.

암호화폐를 맡긴다는 점에서 '스테이킹 Staking'이라 불리는 예치 행위와 유사할 수 있다. 하지만 이자 농사는 그보다 훨씬 복잡하다. 일반적으로 금융시장은 유동성 공급자(LP, Liquidity Provider)가 자금을 제공하면서 유동성이 생긴다. 이때 자금이 모이는 곳을 유동성 풀(Liquidity Pool)이라 하는데 유동성 풀은 자금을 보유하는 스마트 콘트랙트를 기반으로 작동된다. 유동성이 풍부하면 사용자가 암호화폐를 다른 암호화폐로 환전하거나 맡기고 대출을 받는 등 금융 활동이 활발해진다. 이 과정에서 수수료가 발생하면 유동성 공급자는 유동성을 공급한 대가로 수수료의 일부를 보상으로 받을 수 있다.

보상은 하나의 암호화폐로 받는 것이 아니라 유동성 풀에 따라 다양한 암호화폐로 받을 수 있다. 예를 들어 어떤 사람이 자신이 소유하고 있는 A라는 암호화폐를 맡겨 유동성을 공급하고 보상은 B 암호화폐와 C 암호화폐로 받을 수도 있다. 보상으로 받은 B나 C 암호화폐를 다시 다른 유동성 풀에 제공할 수도 있고 팔아서 현금화할 수도 있다. 이자 농사는 이렇듯 상당히 복잡한 금융 상품과 전략이 얽혀 있다. 하지만 단순하게 정리하면 유동성 공급자가 유동성 풀에 자금을 맡겨

4장 웹 3.0 시대의 투자와 경제

⋯⋙ 디파이에서는 금융기관이 아닌 개인도 유동성 공급자가 될 수 있다. 풀에 유동성을 공급한 대가로 이자를 받는다.

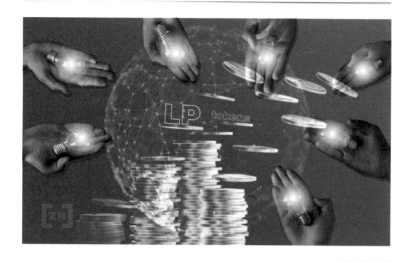

유동성을 제공하고 그 대가로 보상을 받는다는 것이다.

전통 금융시장에서는 거액을 보유한 대형 금융기관이 유동성 공급 자의 역할을 맡는다. 하지만 디파이에서는 개인도 유동성 공급자가 될 수 있고 보유한 암호화폐로 대형 금융기관 못지 않은 수익률을 낼 수 있다.

이러한 이자 농사, 유동성 공급은 하나의 블록체인 위 디파이 서비 스에서 진행될 수도 있지만, 다른 블록체인과 연계하거나 여러 암호 화폐 종류를 취급하면 더욱 다양한 이자율의 금융 상품이 탄생할 수 있다. 그래서 이자 농사를 짓는 사람들은 높은 이자율을 찾아다니며 다른 디파이 상품으로 자금을 이동한다. 긱 디파이 시비스는 자신의 서비스에 더 많은 자본과 유동성 공급자를 유치하기 위해 추가적인 보상을 제시하기도 한다. 유동성을 확보하면 더 활발한 거래와 이자 지급이 이루어져 성공적인 디파이 서비스가 될 수 있기 때문이다.

합성 자산, 간접적으로 자산을 소유하는 금융 파생상품

또 하나의 새로운 블록체인 기반 투자 대상은 '합성 자산'이다. 자산을 합성한다는 건 과연 어떤 의미일까? 합성 자산(Synthetic Asset)이란 '특정 자산을 보유한 것과 같은 금융적 결과를 가져올 수 있도록 구성한 증권이나 자산의 집합체'다. 주식, 채권, 원자재와 같은 기초 자산에 가치가 고정된 형태가 일반적이다.

합성 자산은 블록체인상에서 거래되면 '접근성' 면에서 큰 강점을 갖는다. 예를 들어 우리가 전통 금융 체계에서 미국 주식을 거래할 때는 국내에서 신원 인증 후 계좌를 개설하고, 원-달러 환율에 의한 환전 수수료를 지불하며, 거래 수수료도 내야 한다. 상장되어 있지 않은 주식은 거래가 원천적으로 불가능하기도 하다. 그나마 한국은 금융 시스템이 잘 갖춰져 있어 미국 주식을 거래하는 것이 그리 어렵지 않지만, 금융 인프라가 없는 국가에서는 미국 주식에 접근하는 것이 거의 불가능하다.

그러나 블록체인 기반 합성 자산은 기초 자산을 직접 소유하지 않아도 소유한 것과 동일한 결과를 가져오도록 한다. 이 과정에서 사용자는 암호화폐만 보유하고 있으면 되고, 합성 자산의 거래는 중개자 없이 스마트 콘트랙트로 이루어진다.

예를 들어 블록체인 기반 합성 자산 거래소에서 애플 주식이나 테슬라 주식과 같은 합성 자산을 만들어 판매할 경우, 합성 자산이 실제 애플 주가와 테슬라 주가를 그대로 반영한다. 애플 주식 1주의 가격을 100달러로 가정할 때 합성 자산의 가격도 100달러인 것이다. 가격은 미국 주식 시장의 실시간 거래가를 반영한다. 애플 주식을 보유하고 있지 않아도 애플 주식의 가격과 동일한 결과를 가져오게 되므로, 애플 자산에 투자한 것과 같은 결과를 얻게 된다.

주식은 물론 국가가 발행한 채권이나 쌀, 밀, 원유와 같은 원자재 등도 마찬가지로 블록체인과 암호화폐를 통해 합성 자산으로 만들면 이러한 자산에 투자한 것과 동일한 결과를 얻을 수 있다.

암호화폐 전문 헤지펀드 애링턴XRP캐피털Arrington XRP Capital은 보고서를 통해 디파이와 합성 자산과 관련해 이렇게 말하기도 했다. "디파이의 목표는 기존 금융 시스템을 개선하는 것이 아닌 완전히 해체하는

⋯⋗ 합성 자산의 원리. 기초 자산에 가치가 고정된 합성 자산은 간접적으로 자산을 소유할 수 있는 금융 파생상품이다.

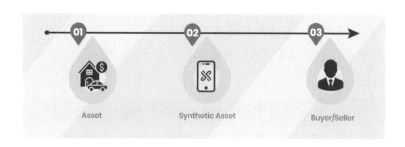

것" 그리고 "합성 주식은 기존 금융 시장을 해체할 트로이 목마"라고
도 표현했다.[16]

합성 자산은 은행, 증권 계좌가 없는 사람들에게 기관과 동일한 금
융 서비스를 경험하게 한다. 현재 가장 대표적인 합성 자산 프로토콜
로는 '신세틱스SNX, Synthetix'와 '미러 프로토콜MIR, Mirror Protocol' 등이 있다.

물론 합성 자산이 장점만 있는 것은 아니다. 실제 자산이 아니기 때
문에 기초 자산이 지닌 '권리'를 행사할 수 없다는 단점이 있다. 대표
적인 예로 주식의 합성 자산은 배당이나 의결권 등이 없다. 또한, 합
성 자산은 실제 자산이 아니므로 '가치 담보'에 대한 위험이 존재한
다. 만약 특정 암호화폐로 가치를 담보하는 합성 자산이 있다면 이 자
산은 암호화폐 가격이 폭락할 때 기초 자산의 가치를 보장할 수 없게
되는 상황이 발생할 수 있다. 따라서 합성 자산이 실제 기초 자산을
따르기 때문에 무조건적으로 괜찮은 투자라고 생각하기보다 위험을
충분히 파악하고 뛰어들어야 한다. 현재 합성 자산을 만들거나 합성
자산의 거래를 제공하는 블록체인 기업들은 이러한 문제를 해결하기
위해 다양한 대비책을 만들어가는 중이다.

NFT 분할, 조각내 투자하는 디지털 자산
∙∙

마지막은 'NFT 분할'이다. 말 그대로 NFT를 쪼개서 판다는 개념
이다. 2021년의 대표 키워드였던 NFT는 일반적인 암호화폐와 달리

수량이 제한적이다. 적게는 1개가 발행되고 많아야 10,000개 내외로 만들어진다. 수량이 적다 보니 NFT 거래는 암호화폐 기래와 다르게 유동성이 부족하다. NFT가 시장에 많이 나와 있어야 거래가 활성화될 텐데, 애초에 대체 불가능하다는 특성을 가진 NFT는 그 개수가 적어 거래 유동성을 형성하기 어렵기 때문이다. 이런 환경 속에서 NFT라는 디지털 자산의 자본효율성을 높일 수 있는 방법으로 등장한 아이디어가 NFT를 분할해 유동성을 높이는 것이다.

NFT 분할은 현재 미술품과 부동산 같은 자산을 조각내 소유하는 방식으로 진행되고 있다. 조각 투자의 개념을 두 가지 예시로 설명해 보겠다. 한 유명 화가의 작품이 10억 원의 가치가 있다고 가정하자.

첫 번째 방법은 NFT를 여러 개 발행해 소유권을 나누는 방식이다. 가령 블록체인에서 이 작품을 10,000개의 NFT로 발행하기로 결정했다고 하자. NFT를 1개 구입한 사람은 1/10,000에 해당하는 작품의 소유권을 갖게 된다. 같은 방식으로 실제 부동산을 NFT로 만들어 분할하고 소유권을 나눠 가질 수 있다. 다만 이러한 방식은 성격에 따라 증권으로 분류되면 규제가 적용돼 엄격한 관리, 감독을 받아야 한다. 따라서 NFT가 단순한 자산의 소유권인지, 아니면 사업성이 있는 증권인지에 따라 유의해야 할 필요가 있다.

다른 방법으로는 1개의 NFT에 대해 소유권을 분할해 갖는 경우다. BAYC 같은 값비싼 NFT는 한 명이 구입하기 어렵다. 따라서 여러 명이 그룹을 형성해 함께 NFT를 구입하고 균등하게 소유권을 나눈다. 비썬 NFT를 분할해 소유하는 방식이다. 이 과정에서 스마트 콘트랙

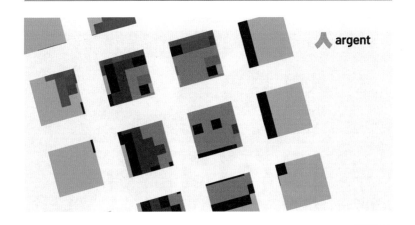

출처_argent

트를 활용해 소유권을 블록체인에 기록한다.

NFT 거래가 늘어나면 그 과정에서 많은 수수료가 발생한다. NFT를 직접 만든 생성자나 NFT의 소유자는 일반적으로 거래에 따른 수수료를 보상으로 받는다. 또한 소유자는 NFT를 담보물로 삼아 대출을 받는 것도 가능한데, 이는 분할된 NFT도 마찬가지다. 결국 NFT가 활발히 거래되어야 시장이 활성화되고, 나아가 NFT의 가치가 높아질 수 있다.

하지만 이런 NFT 분할도 맹점은 있다. NFT를 다시 하나의 NFT로 만들어 판매해야 할 경우 소유권이 분할된 상태기 때문에 조각난 NFT를 온전히 다시 모으기 어려울 수 있다. 누군가는 NFT가 담긴 지갑의 비밀번호를 잃어버려 접근이 불가능할 수 있고, 누군가는

⋯⟶ 이자농사, 합성자산, NFT 분할 등 디파이에 기반한 투자는 개방성을 통해 웹 3.0 시대에 더욱
다양한 형태로 발전할 전망이다.

NFT 가격에 대한 이견이 있을 수 있다. 이런 상황에서 NFT의 가치
가 온전히 보전되고 거래될 수 있을지 알 수 없다. 그래서 요즘은 주
기별로 정해진 만큼 NFT를 분할하는 방법이나 별도의 계약을 통해
특정 시기에 NFT를 다시 하나로 온전히 모을 수 있는 방안 등 다양
한 보완책이 제시되고 있다.

　여러 금융 상품들을 통해 살펴봤듯, 디파이의 발전은 기존 중앙 조
직으로부터 금융 권력을 넘겨받는 기폭제가 될 수 있다. 점차 금융 권
력이 탈중앙, 개방형 금융으로 이동한다면 개인은 금융 서비스의 이
용지에 그치는 것이 아니라 금융 서비스의 중심에 서게 될 것이다.

디파이는 다양한 금융 자산에 대한 가치를 기반으로 창의적인 수익 구조를 만들어내고 있다. 블록체인을 통한 금융 프로세스의 디지털화는 보안, 개방, 자동화, 혁신 등 다양한 키워드 측면에서 의미가 크다. 디파이는 웹 3.0 시대에 보다 개방적이고 신뢰할 수 있는 금융 시스템이 될 가능성을 이미 보여주고 있다.

크리에이터
이코노미

앞으로 웹 3.0의 디지털 경제를 이끌어 갈 주체는 크리에이터, 그와 함께 콘텐츠를 소비하며 즐기는 팬, 그리고 커뮤니티가 될 것이다. 크리에이터 이코노미는 더 큰 의미에서 우리가 인터넷을 이해하는 방식 자체를 바꿀 수도 있다. 특정 기업이나 조직의 플랫폼 인터넷이 아닌 개인이 중심인 '크리에이터 인터넷'이 앞으로 우리가 이해해야 할 인터넷이자 웹 3.0이다.

플랫폼을 뛰어넘는 창작과 소통

‘크리에이터’는 자신의 열정과 개성, 능력을 직업으로 바꾸는 사람들이다. 전 세계의 5,000만 명이 넘는 크리에이터가 만드는 ‘크리에이터 이코노미’에는 모든 종류의 콘텐츠 제작자가 참여한다. 인플루언서, 아티스트, 저널리스트, 게이머는 물론 콘텐츠를 만들고 팬과 소통하는 모든 사람들이 크리에이터에 포함되는 것이다.

사람들은 웹 2.0 시대에 이미 크리에이터가 디지털 콘텐츠에 불어넣은 가치와 브랜드를 신뢰하기 시작했고, 이 과정에서 크리에이터 이코노미가 탄생했다. 크리에이터 이코노미란 ‘크리에이터가 광고 수익 등에 의존하지 않고 창작 활동에 전념하며 생활할 수 있도록 하는 새로운 체제’를 말한다. 현재는 유튜브나 틱톡 같은 플랫폼에 콘텐츠가 업로드되면, 그것이 전 세계의 소비자나 팬에게 빠르게 도달하는 형태로 콘텐츠가 전달되고 있다. 하지만 웹 3.0이란 개념이 등장하고 이를 구현할 수 있는 기술과 환경이 갖춰지면서 크리에이터 이코노미는 새롭게 정의되기 시작했다.

웹 3.0 크리에이터 이코노미의 탄생은 ‘크리에이터가 만든 콘텐츠가 페이스북, 구글, 트위터 등 실리콘밸리 플랫폼의 수익을 올려주는 수단이 될 뿐’이라는 생각에서 출발했다. 플랫폼은 크리에이터에게 일정 수익과 홍보 효과를 제공하는 긍정적 측면도 있지만, 실상은 크리에이터를 도구로 활용하며 대부분의 수익을 가져갔다. 여기에 부당함을 느낀 크리에이터들이 웹 3.0의 탈중앙화된 방식으로 플랫폼 없는 창작 활동을 시작했다.

따라서 웹 3.0의 크리에이디 이코노미는 웹 2.0과 다른 형태로 진화할 것이다. 크리에이터가 만든 콘텐츠가 특정 플랫폼이나 마켓 플레이스에 묶여 소비되는 것이 아니라, 팬이나 투자자가 함께 소유하고 경제체제를 구축하는 시기가 올 것이다. 또한 앞으로 사람들이 웹 3.0 환경에 머무는 시간이 길어질수록 더 많은 디지털 가상 자산이 생겨나고 활용될 것으로 보인다. 예를 들어 크리에이터는 디지털로 제작한 콘텐츠를 NFT로 만들어 디지털 자산의 '소유권'과 '희소성'을 증명할 수 있을 것이다.

메타버스 역시 확장현실(XR) 경험을 제공하며 웹 3.0 시대 대중의 눈길을 사로잡을 것이다. 확장현실은 가상현실(VR), 증강현실(AR)은 물론 혼합현실(MR)까지 아우르는 개념이다. 이로 인해 메타버스는 단순한 게임 및 마케팅 캠페인 수준을 넘어 크리에이터와 팬이 아바타가 되어 소통하는 완전한 경험과 디지털 상품을 제공하는 수준으로 나아갈 것이다.

우리는 이미 NFT 붐을 통해 디지털 상품에 대한 엄청난 수요를 확인했다. 2021년 12월 나이키는 디지털 운동화와 NFT를 만드는 회사인 아티팩트[RTFKT]를 인수했으며 패션, 식음료, 생활용품 등을 취급하는 다양한 브랜드가 메타버스의 개척자가 되기 위해 미래지향적 기술과 기업, 크리에이티브에 주목하고 있다. 인스타그램의 CEO 애덤 모세리[Adam Mosseri]는 2021년 12월, "인스타그램이 확실히 NFT를 적극적으로 탐색하고 있으며 더 많은 사람이 더 쉽게 NFT에 접근할 수 있는 방법을 찾고 있다"라고 말했다.[17] 또한 콘텐츠 제작 도구인 프리미어, 포토샵, 일러스트레이터 등을 제작하는 어도비 ^{Adobe}는 이미 자사 소프트웨어에서 만들어진 콘텐츠를 NFT로 만들거나 소유권을 표시할 수 있는 기능을 제공하기 시작했다.

유튜버를 넘어서는 새로운 크리에이터들

웹 3.0 시대에는 크리에이터에게 콘텐츠 제작을 위한 새로운 길이 열릴 뿐만 아니라 그들의 창작 과정 자체도 크게 바뀔 것이다. 인공지능, 딥러닝 기술은 크리에이터가 이미지, 영상 등 데이터를 빠르게 찾거나 창의력을 더해 새로운 창작물을 만들어낼 때 효율적으로 쓰일수 있다. 또한 다양한 툴과 소프트웨어로 증강현실과 가상현실 콘텐츠를 만들 수도 있고, 블록체인의 스마트 콘트랙트는 콘텐츠의 소유권을 재정의해줄 것이다. 크리에이터와 소프트웨어 제작사 사이 계약내용이나 콘텐츠 소유권, 저작권 등을 블록체인에 기록해 명시하면불법 복제를 방지하는 목적으로도 사용이 가능하다.

새로운 창작 과정에서 기존에 없던 직업도 탄생하고 있으며 기존보다 수요가 크게 증가한 직업도 있다. 예를 들면 메타버스 공간이나세계관을 기획하는 '세계관 기획자'라는 직업이 새로 생겨났고, 3D 영상과 이미지 제작자의 수요가 늘어났다. 로블록스나 마인크래프트에서 게임을 제작하는 크리에이터의 수도 크게 증가했다. 기술과 이코노미가 발전하면서 크리에이터의 범위와 종류가 계속해서 늘어나고 있는 것이다. 이런 환경은 크리에이터로 하여금 창의적인 아이디어로 다양한 형태의 디지털 콘텐츠를 만들게 한다. 그리고 결국 디지털 콘텐츠가 유통 및 소비되면서 경세체제가 활발히 순환하는 구조로 이어질 수 있다.

웹 3.0 크리에이터 이코노미의 가장 매력적인 부분은 크리에이터가 새로운 채널에서 자신의 콘텐츠를 제공하며 팬과 소통하고 투명한 비즈니스 모델을 통해 더 많은 수익을 창출할 수 있다는 것이다. 웹 3.0 은 크리에이터가 작업에 대한 대가를 받는 방식을 완전히 바꿀 것이다. 앞으로 웹 3.0의 디지털 경제를 이끌어 갈 주체는 크리에이터, 그와 함께 콘텐츠를 소비하며 즐기는 팬, 그리고 커뮤니티가 될 것이다. 크리에이터 이코노미는 더 큰 의미에서 우리가 인터넷을 이해하는 방식 자체를 바꿀 수도 있다. 특정 기업이나 조직의 플랫폼 인터넷이 아닌 개인이 중심인 '크리에이터 인터넷'이 앞으로 우리가 이해해야 할 인터넷이자 웹 3.0이다.

X2E :
행동한 만큼 벌어들이는 경제활동으로 사용자가 중심이 되어 보상을 받는다는 점에서 웹 3.0 시대에 적합한 모델이다. 게임을 하며 돈을 버는 P2E가 대표적이며 앞으로 더욱 다양한 모델이 등장할 것이다.

암호화폐 시장 :
웹 3.0 시대에도 암호화폐 시장은 지속적으로 성장할 전망이다. 비트코인이 디지털 세계의 중심 자산이 될 것이며, 이더리움의 문제를 해결하려는 레이어2 솔루션이 계속 등장할 예정이다. 웹 3.0 시대에는 메인넷 블록체인의 상호운용성이 관건이 될 것이다.

디파이 :
중개자를 필요로 하지 않는 탈중앙화 금융으로 예금, 적금, 대출, 보험 등의 서비스를 제공한다. 기존 금융 서비스에 접근하기 어려웠던 사람들이 쉽게 이용할 수 있다는 장점이 있다. 개방적이고 혁신적인 새로운 금융 시스템의 가능성을 제시하고 있으나 리스크에 대한 이해가 필요하다.

디파이 기반 금융 투자 :
디파이를 활용한 다양한 투자 방법이 있다. 암호화폐를 맡기고 이자를 받는 이자 농사, 간접적으로 자산을 소유하는 파생상품인 합성 자산, 디지털 자산을 조각내 유동성을 높이는 NFT 분할 등이 그 예다.

크리에이터 이코노미 :
플랫폼을 통해 콘텐츠를 전달했던 기존 방식에서 벗어나 창작자와 팬이 직접 연결되어 소통한다. 웹 3.0의 탈중앙화된 방식으로 크리에이터의 수익 구조가 개선되었으며 창작의 방식이 바뀌고 새로운 직업이 생겨나고 있다.

WEB 3.0
REVOLUTION

5장

주목할
웹 3.0 시대의 기업

기술 인프라
_엔비디아,
유니티 테크놀로지스

엔비디아가 웹 3.0을 위한 개발 환경과 하드웨어를 제공한다면 유니티 테크놀로지스는 콘텐츠를 만들어내는 중요한 도구를 제공한다. 뛰어난 기술 인프라를 갖춘 엔비디아와 유니티 테크놀로지스에 관심을 두고 지켜볼 이유는 충분하다.

월 스트리트는 이미 웹 3.0 관련 기업에 주목하고 있다. 상장 기업 중에서는 IBM, 메타(구 페이스북), 애플, 트위터, AMD 등이 투자 대상으로 꼽힌다. 이들은 웹 1.0과 2.0 시대에 성장한 전통적인 IT 기업이지만, 이들 역시 웹 3.0에 서서히 발을 들이고 있다. 웹 2.0과 웹 3.0을 철저히 구분하기보다는 웹 3.0 관련 기술을 개발하거나 서비스를 출시하며 새로운 영역으로 확장을 시도하는 것이다.

그 외 블록체인이나 메타버스 관련 기업들은 아직 스타트업이거나 설립된 지 오래되지 않은 경우가 많아 대부분 비상장 기업이다. 그중에는 상장은 안 했지만 대규모 투자를 통해 시가총액이 상장 기업 못지않게 큰 회사도 있다. 지금부터는 투자자들을 위해 웹 3.0 시대에 눈여겨볼 기업들을 살펴보고자 한다.

엔비디아_ 그래픽 카드의 무궁무진한 활용

현재까지 월가에서 언급되는 대표적인 웹 3.0 기대주로는 엔비디아 NVIDIA가 있다. 엔비디아에서 생산하는 그래픽 반도체가 웹 3.0의 기반 기술인 블록체인을 확대하는 데 핵심 역할을 할 것이라는 기대감 때문이다. 엔비디아의 제품은 이미 일반 PC는 물론 인공지능과 블록체인 등 유망한 기술 분야에서 폭넓게 쓰이고 있다.

엔비디아는 원래 고성능 게임, 디자인 작업 등을 위한 그래픽 칩셋을 제조하는 회사로 출발했다. 이른바 GPU(Graphics Processing Unit)라는 그래픽 반도체다. GPU는 연산에 강하도록 설계되어 있어 고성능의 3D 게임이나 포토샵과 같은 그래픽 프로그램이 원활하게 작동할 수 있도록 보조 수단으로 사용된다.

인공지능, 클라우드, IoT 등 차세대 기술을 위한 솔루션을 제공하는 엔비디아는 블록체인과 암호화폐에 친화적인 입장을 취한다. 엔비디아의 창업자이자 CEO인 젠슨 황 Jensen Huang은 "암호화폐 채굴은 앞으로도 없어지지 않을 것"이라고 말했다.[18] 그는 블록체인 기반 서비스와 메타버스 시장에서 거래되는 NFT의 수요가 늘어나면서 암호화폐의 생명력이 유지될 거라 예상했다.

이러한 기조에 따라 엔비디아는 아예 암호화폐 채굴 전용 GPU를 출시했다. 빠른 연산이 가능한 GPU를 암호화폐 채굴에 사용하자 그래픽 카드 가격이 치솟았고, 아예 제품을 구하기 힘든 상황까지 발생했다. 2021년 암호화폐 가격이 크게 상승하며 채굴에 대한 수요가 늘어나자 엔비디아의 실적 또한 함께 상승했다. 하지만 2021년 말 암호화폐 가격이 하락하며 엔비디아의 채굴 전용 그래픽 카드의 판매 실적도 크게 감소했다. 엔비디아의 라이벌인 인텔 Intel이 암호화폐 채굴 전용 칩을 내놓은 것도 영향이 있었다.

엔비디아가 암호화폐, 블록체인 관련 그래픽 카드만 판매한다면 암호화폐 시장 상황에 따라 기업의 실적이 영향을 받을 수 있다. 하지만 엔비디아의 GPU는 다양한 산업 영역에서 활용될 수 있다. 특히 주목받는 것은 엔비디아의 '옴니버스 Omniverse'다.

옴니버스는 가상세계, 메타버스를 제작하는 도구가 한곳에 모인 일종의 오픈 플랫폼이다. 여기서는 언리얼^{Unreal} 엔진, 블렌더^{Blender}, 마야^{MAYA} 같은 다양한 3D 제작 도구를 사용하는 개발자들이 모여 서로 협업하면서 메타버스를 만들 수 있다. 옴니버스에서 만들어지는 기술과 콘텐츠는 산업, 제조, 자율주행, 디지털 트윈(현실세계의 기계, 장비 등을 컴퓨터 속 가상세계에 구현한 것) 등 여러 분야에서 사용된다.

엔비디아는 인공지능 기술도 연구하는데, GPU는 인공지능의 머신러닝에 큰 도움이 된다. 연산 능력을 활용해 학습 시간을 단축할 수 있기 때문이다. 또한 엔비디아는 대화가 가능한 인공지능 아바타를 개발하거나 딥러닝으로 학습할 수 있는 인프라 환경을 제공하고 있다.

향후 메타버스와 NFT, P2E 등으로 인해 게임 시장이 성장하면 데

⋯▷ 엔비디아 옴니버스. 엔비디아는 가상세계, 메타버스를 제작하는 도구를 모아 오픈 플랫폼을 만들었다.

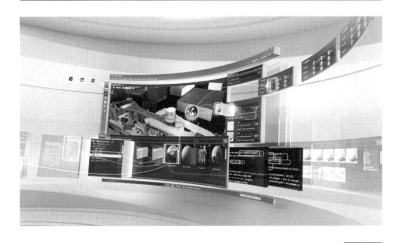

출처_NVIDIA

이터 처리량이 늘어나고 가상현실 기기 판매도 증가할 것이다. 이때 콘텐츠의 그래픽 치러나 데이터 치리를 위한 작업에 엔비디아기 만드는 GPU가 필요하다. 인공지능과 블록체인이라는 두 핵심기술에 꼭 필요한 하드웨어와 소프트웨어를 함께 제공하는 엔비디아는 웹 3.0의 미래를 뒷받침할 준비가 되어 있는 것이다.

유니티 테크놀로지스_3D 시장을 장악할 게임 엔진

메타버스 플랫폼과 다양한 XR 콘텐츠 개발에 가장 널리 사용되는 게임 엔진으로 '유니티 Unity'와 '언리얼 Unreal'이 있다. 게임 엔진은 그래픽을 하드웨어에 렌더링하고 3D 작업이 가능하도록 솔루션을 제공하는 소프트웨어다. 증강현실 기능이 탑재된 3D 게임 〈포켓몬 GO Pokemon GO〉가 유니티로 개발됐고, 대표적인 메타버스 플랫폼 제페토 역시 유니티를 사용한다.

2004년에 설립된 유니티 테크놀로지스는 초기에는 3D 시장을 겨냥한 웹 미디어 제작 툴을 개발했다. 그러나 게임 업체들이 관련 기술을 활용해 3D 게임을 만들자 아예 3D 게임 엔진 전문 기업으로 회사의 전략을 수정했다. 이후 2020년 9월, 유니티 테크놀로지스는 미국 주식시장에 상장해 많은 관심을 받았다.

그동안 PC 게임을 비롯한 다양한 3D 게임이 유니티로부터 탄생했다. 유니티가 지금처럼 널리 알려질 수 있었던 가장 큰 이유는 '모바일 애플리케이션'에 강점이 있기 때문이다. 3D 관련 모바일 게임의 약 70퍼센트가 유니티로 만들어졌다. 유니티 개발 엔진 같은 경우 개인은 무료로 사용할 수 있고 라이선스 비용도 저렴하다. 또한 직관적인 인터페이스로 사용 편의성이 높아 많은 초보 개발자들이 유니티를 선택한다.

또 다른 유니티의 장점은 개발을 위한 각종 리소스와 툴을 공유하는 생태계를 구축했다는 것이다. 유니티는 개발 지식을 공유함으로써 개발자를 생태계에 머물게 하고, 개방형 오픈소스를 지향하고 있다. 유니티는 증강현실, 가상현실 개발을 위한 환경과 템플릿 등을 제공하면서 메타버스 세계가 발전할 수 있도록 돕고 있다.

유니티 테크놀로지스가 개발하는 게임 엔진은 그래픽 퀄리티가 높고 부드러운 움직임을 만들어내 3D, XR 환경 등 메타버스에서 활용된다. 따라서 게임 분야에서 가장 많이 사용하고 있지만 요즘은 점차 산업용으로도 확장 중이다. 메타버스와 디지털 트랜스포메이션을 추구하는 산업 영역에서 유니티와 언리얼의 영향력이 커지고 있다. 유니티는 자동차, 물류, 건설, 교육 등 다양한 분야에서 사용될 수 있다. 예를 들어 제약 회사는 유니티 엔진으로 개발한 프로그램에서 신약 개발을 위한 분자 데이터를 시각화해 시뮬레이션 할 수 있다. 또한 자율주행 자동차의 모습을 3D로 구현하고 메타버스 내에서 가상 주행을 하는 그래픽 과정도 모두 유니티 엔진으로 구현할 수 있다. 그래픽과 특수효과가 중요한 애니메이션이나 영화, 차량 디자인, 건축물 디자인 등에도 중요한 역할을 담당한다.

···⟩ 유니티 엔진은 3D, XR 환경 등 메타버스에서 활용되는 수준 높은 그래픽을 구현한다. 게임 외
산업으로도 확장하고 있으며 웹 3.0시대에 더욱 중요한 역할을 할 것이다.

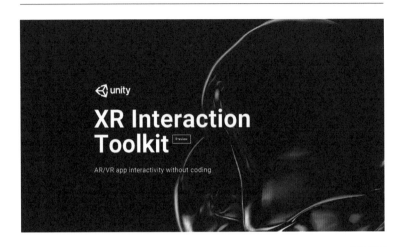

　웹 3.0에서 유니티와 같은 엔진은 수준 높은 퀄리티의 3D 그래픽
을 구현하는 핵심 도구다. 존 리키텔로 John Riccitiello 유니티 테크놀로지
스 CEO는 2021년 말 한 인터뷰를 통해 "메타버스는 웹 3.0이 될 것"
이라며 메타버스가 오늘날 웹처럼 일상이 될 것으로 전망했다.[19] 또한
그는 향후 많은 콘텐츠가 3D로 전환될 것이라 믿는다고 밝혔다. 지금
은 전 세계 콘텐츠의 3~4퍼센트 정도가 3D 그래픽으로 제작되고 있
지만, 10년 내에 50퍼센트까지 성장할 수 있다고 말했다. 이와 같은
예측이라면 웹 3.0에서 접하게 될 수많은 콘텐츠는 대부분 유니티의
손을 거쳐 탄생할 거라 볼 수 있다.

　엔비디아가 웹 3.0을 위한 개발 환경과 하드웨어를 제공한다면 유

> 블록체인의 발전에 핵심적인 그래픽 카드를 생산하는 엔비디아와 3D 시장의 선두를 달리고 있는 유니티 테크놀로지스. 웹 3.0 시대를 이끌 뛰어난 기술 인프라를 가진 두 기업에 주목할 필요가 있다.

니티 테크놀로지스는 콘텐츠를 만들어내는 중요한 도구를 제공한다. 뛰어난 기술 인프라를 갖춘 엔비디아와 유니티 테크놀로지스에 관심을 두고 지켜볼 이유는 충분하다.

소셜 네트워크
_제페토, 유튜브

웹 3.0시대에는 연결과 공유가 더욱 중요해질 전망이다. 이미 페이스북, 인스
타그램, 틱톡 등 다양한 소셜 네트워크가 웹 2.0시대에 큰 성공을 거뒀다. 이들
소셜 네트워크는 웹 3.0시대에도 플랫폼 사업자로서 지위를 유지하기 위해 웹
3.0의 요소를 받아들이기 시작했다.

웹 3.0 시대에는 연결과 공유가 더욱 중요해질 전망이다. 이미 페이스북, 인스타그램, 틱톡 등 다양한 소셜 네트워크가 웹 2.0 시대에 큰 성공을 거뒀다. 이들 소셜 네트워크는 웹 3.0 시대에도 플랫폼 사업자로서 지위를 유지하기 위해 웹 3.0의 요소를 받아들이기 시작했다.

페이스북은 이미 블록체인 프로젝트를 시작했다가 실패한 경험이 있다. 최근엔 메타Meta로 사명을 변경하고 그야말로 메타버스에 사운을 건 상황이다. 메타가 소유한 인스타그램과 숏폼 영상 플랫폼으로서 소셜 네트워크 시대를 이끌고 있는 틱톡도 웹 3.0 관련 콘텐츠에 관심을 보이고 있다. 앞으로 펼쳐질 웹 3.0 시대에도 사용자를 연결하는 다양한 소셜 네트워크가 사람들을 끌어모을 것이다. 그렇다면 웹 3.0에서 주목해야 할 소셜 네트워크는 무엇일까?

제페토_메타버스 플랫폼 속 크리에이터 이코노미

제페토ZEPETO는 2018년 등장한 아바타 기반 메타버스 플랫폼이다. 사용자는 아바타를 생성하고 가상 공간에서 다른 사용자와 대화하거나 게임을 즐길 수 있다. 현재 전 세계 약 2억 명 이상의 가입자를 보유하고 있는 메타버스 플랫폼의 선두주자 중 하나다. 제페토도 처음에는 아바타를 꾸미거나 다른 사람의 아바타를 구경하는 정도의 서비스에서 시작했다. 하지만 일반 소셜 네트워크와 다르게 사용자가 함께 머무는 가상 공간 '월드'를 제공하면서 차별화가 이루어졌고 사용자가 유입되기 시작했다.

제페토는 여기에 그치지 않고 플랫폼 내 가상 공간인 월드를 직접 만들고 아바타용 아이템을 제작할 수 있는 도구인 '제페토 스튜디오'를 제공했다. 사용자는 제페토 스튜디오를 통해 직접 제작자가 되어 수익을 창출했고 크리에이터 이코노미를 구현했다. 현재 제페토 스튜디오에는 230만 명 이상의 크리에이터가 활동하고 있으며 스튜디오에서 판매된 아이템은 6,800만 개가 넘는다.[20]

제페토에서 자신만의 콘텐츠를 판매해 억대 수익을 올리는 크리에이터도 있다. 유튜브에 '제페토'를 검색하면 '제페토에서 돈 벌기', '제페토 스튜디오 사용법' 등 다양한 영상이 나온다. 일찌감치 크리에이터 이코노미를 구축한 제페토는 페이스북이나 트위터와 같은 기존 소셜 네트워크와 비교할 때 웹 3.0에 가장 가까운 형태다.

이처럼 기존 플랫폼과 차별화된 크리에이터 중심의 생태계가 갖춰지자 나이키, 구찌 등 패션 기업과 삼성전자, 현대자동차 등 국내 기업들이 제페토에 가상 공간을 직접 만들었다. 블랙핑크를 비롯한 K-POP 아이돌도 제페토에서 활동하기 시작했다.

제페토에서 만들어진 콘텐츠는 제페토 내에서만 소비되는 것이 아니라 유튜브나 틱톡과 같은 다른 소셜 네트워크 플랫폼으로 확산되고 있다. 유튜브, 틱톡에서 제페토 스튜디오를 사용해 만든 아바타가 등장하는 웹 드라마, 숏폼 영상을 쉽게 찾아볼 수 있다. 제페토는 2차 콘텐츠를 만들어내면서 다른 소셜 채널을 통해 빠르게 퍼져나가고 더 많은 사용자를 유입시키고 있다.

···➤ 아바타 기반 메타버스 플랫폼 제페토. 자체 크리에이터 이코노미를 형성하고 있으며 다양한
산업과의 협업을 통해 C2E 모델을 확장 중이다.

출처_제페토

제페토의 주 사용층인 Z세대는 제페토 내에서 인플루언서가 되기도 한다. 제페토에서 팔로워가 1,000명이 넘으면 제페토 파트너가 된다. 제페토 파트너는 자신의 팔로워를 위한 이벤트를 기획하거나 아이템을 직접 제작해 판매하기도 한다. 이 과정에서 팬덤 기반의 커뮤니티가 생긴다. 제페토는 사용자들이 플랫폼에서 더욱 활발히 콘텐츠를 올리고 더 긴 시간을 보내게 하기 위해 노래방 기능, 게임 등을 계속해서 강화할 계획이다. 또한 자체 콘텐츠 외에도 다른 산업과의 결합으로 새로운 콘텐츠를 계속해서 만들어낼 전망이다.

제페토는 이제 국내외 게임사, 엔터테인먼트사와 손을 잡고 신사업을 추진한다. 〈배틀그라운드〉 게임 제작사인 크래프톤은 제페토와 합작 법인을 설립하고 NFT 기반 메타버스 플랫폼을 만들고 있다. 두 회사는 사용자를 위한 크리에이터 이코노미가 이루어지는 플랫폼을 구

5장 주목할 웹 3.0 시대의 기업

축할 예정이다. 제페토는 이미 자체 크리에이터 이코노미가 있지만 앞으로 게임 등 다양한 산업과 결합해 크리에이트 투 언(C2E, Create to Earn) 모델을 더욱 확장할 것이다.

제페토는 이미 웹 3.0의 모델을 어느 정도 소화하고 있다. 크리에이터 생태계가 형성되어 자체적인 수익 발생 체제를 만들었기 때문이다. 이제 여기에 NFT를 비롯한 기능이 더해진다면 메타버스 내에서 순환하는 경제 모델의 도입도 가능하다. 또한 사용자가 직접 제페토의 운영과 경제체제에 관여할 수 있는 방식을 적용하게 된다면, 사용자 중심의 경제체제를 통해 웹 3.0의 본질에 한 발 더 다가갈 수 있을 것이다.

유튜브_압도적 1위 영상 플랫폼의 미래

유튜브 역시 크리에이트 투 언 방식(C2E)을 오래전부터 도입한 상태다. 유튜브 크리에이터가 콘텐츠를 제작해 공개하고, 조회 수와 구독자 수 등에 비례해 수익을 창출한다는 것은 이미 널리 알려져 있다. 하지만 이 모델에서도 데이터는 플랫폼인 유튜브가 전부 소유한다. 유튜브 크리에이터는 유튜브로부터 수익을 받지만, 사실 그들에겐 유튜브에게 받는 수익보다 더 큰 수익을 창출할 잠재력이 있을 수 있다.

이러한 점을 지적하며 유튜브와 유사하지만 영상 수익을 크리에이터에게 더 많이, 공정하게 돌려주겠다는 서비스도 나왔다. 2017년에

::> 유튜브는 압도적인 크리에이터와 사용자 수를 바탕으로 웹 3.0시대에도 더욱 성장할 수 있다.
유튜브는 메타버스와 NFT 등 웹 3.0 요소를 적극적으로 받아들이고 있다.

등장한 디튜브^{DTube}와 탈중앙 영상 스트리밍 블록체인 서비스인 쎄타 ^{Theta} 등이 있다. 하지만 아직까진 유튜브의 압도적인 영상 수와 커뮤니티를 이기지 못하고 있다. 유튜브는 여전히 세계 1위 영상 서비스이며 공고한 크리에이터 중심 생태계를 갖고 있다.

유튜브 크리에이터는 플랫폼을 통해 큰 수익을 창출하기도 한다. 하지만 유튜브 크리에이터로서 성공하는 것은 쉽지 않다. 유튜브에서 10만 혹은 100만 이상 구독자를 확보한 크리에이터 비중은 유튜브 전체 사용자에 비하면 매우 작은 부분에 지나지 않는다. 유튜브 서비스를 이용하는 '사용자' 역시 중요한 요소임을 잊으면 안 된다.

그렇다면 유튜브는 현재 구축한 크리에이터 이코노미 생태계에 변화를 줄 수 있을까? 유튜브는 2022년 공식 석상에서 웹 3.0과 NFT에 대해 언급했다. 구글과 유튜브의 모회사인 알파벳^{Alphabet}의 CEO 순다르 피차이는 웹 3.0에 관한 공개 논평을 통해 "우리는 확실히 블록체인에 주목하고 있다"라고 말했다. 구글은 자체 팀을 꾸려 블록체인 연구개발을 시작했지만, 암호화폐 도입까지는 언급하지 않았다.

하지만 NFT는 유튜브의 새로운 성장 동력이 될 수 있다. 유튜브의 CEO 수잔 보이치키^{Susan Wojcicki}는 공식 블로그에 유튜브의 향후 로드맵과 관련해 NFT에 주목하고 있다고 밝혔다.[21] 많은 기술 회사가 NFT 개발에 뛰어들면서 유튜브 역시 웹 3.0과 NFT 대열에서 뒤처지고 싶어 하지 않는 것 같다.

보이치키는 "크리에이터가 NFT와 같은 새로운 기술을 활용할 수 있도록 유튜브 생태계를 확장하는 동시에, 유튜브에서 크리에이터와 팬의 경험을 지속적으로 강화하는 데 항상 집중하고 있다"라고 말했다. 유튜브의 CPO(최고제품책임자)인 닐 모한^{Neal Mohan} 역시 블로그를 통해 블록체인과 NFT의 잠재력에 대해 언급했다.[22] 그는 "팬이 자신이 좋아하는 크리에이터의 고유한 비디오, 사진, 예술 및 경험을 소유할 수 있는 검증 가능한 방법을 제공하는 것은 크리에이터와 사용자모두에게 매력적이다"라고 말했다.

아직 유튜브는 NFT를 구체적으로 어떻게 활용할지 밝히지 않았지만, 크리에이터의 활동을 구독자와 조회 수에 기반해 광고 수익을 배분받는 것에 그치지 않도록 할 것으로 보인다. 가령 NFT를 만들고 판매하는 마켓 플레이스를 지원한다면 크리에이터와 유튜브 모두 거래수익을 추가로 얻을 수 있을 것이다.

현재 NFT는 2D 혹은 3D 이미지 위주로 시장이 형성되어 있다. 하지만 NFT의 형태는 점차 다양해질 것이다. 유튜브는 이미 양질의 영상 콘텐츠와 수천만 크리에이터를 보유하고 있다. 영상 기반 NFT 시장이 본격화된다면 유튜브가 이 시장을 주도할 수 있을 것으로 보인다. 또한 '유튜브 뮤직'을 통해 음원 NFT 시장에도 진출할 수 있을 것이다.

블록체인뿐만 아니라 '메타버스'도 유튜브의 관심사다. 알파벳의 CEO 순다르 피차이는 증강현실에 대한 투자를 언급하면서 구글 지도나 유튜브 서비스를 가상세계에 제공하고 활용할 수 있다는 계획을 언급하기도 했다. 유튜브가 웹 2.0 세상에서 최고의 영상 플랫폼이었다면 웹 3.0에서는 3D 기반 가상세계의 플랫폼으로 탈바꿈할지도 모른다. 웹 2.0시대의 대표적 플랫폼인 유튜브가 메타버스와 블록체인을 활용해 가상세계에서 영상과 음악, NFT로 새로운 크리에이터 이코노미를 만들어낼 수 있을지 궁금하다.

금융
_블록, 서클

금융은 웹 3.0 시대에 가장 많은 변화가 일어날 것으로 예상되는 산업이다. 암호화폐를 기반으로 각종 디지털 화폐와 자산이 이미 큰 변화를 만들고 있다. 디파이, 증권형 토큰, 중앙은행 디지털 화폐인 CBDC 등이 체감할 수 있을 만큼 큼직한 변화를 불러오고 있다.

금융은 웹 3.0 시대에 가장 많은 변화가 일어날 것으로 예상되는 산업이다. 암호화폐를 기반으로 각종 디지털 화폐와 자산이 이미 금융 시장에 큰 변화를 만들고 있다. 디파이, 증권형 토큰, 중앙은행 디지털 화폐인 CBDC(Central Bank Digital Currency) 등이 체감할 수 있을 만큼 큼직한 변화를 불러오고 있다. 골드만삭스Goldman Sachs와 JP모건J.P. Morgan, 비자 카드 등 기존 금융 기업은 물론 로빈후드Robinhood와 페이팔 같은 웹 2.0을 대표하는 핀테크 기업들도 이러한 변화에 맞춰 발 빠르게 움직이고 있다.

블록_블록체인으로 다시 도전하는 디지털 결제

블록Block은 이전 사명인 스퀘어로 더 친숙할 것이다. 스퀘어의 대표 잭 도시는 트위터 대표 자리에서 물러나면서 스퀘어의 사명을 블록으로 변경했다.[23] 블록의 전신이자 모태인 스퀘어는 미국의 대표적인 핀테크 기업으로서 금융 관련 소프트웨어와 하드웨어를 모두 아우르는 서비스를 제공했다.

블록은 디지털 결제 서비스인 캐시앱Cash App과 결제 플랫폼 스퀘어를 주력 서비스로 제공한다. 또한 기존 서비스와 별개로 블록체인 프로젝트 '블록'을 진행하며, 기존 프로젝트인 스퀘어 크립토Square Crypto는 스파이럴Spiral이라는 이름으로 바꾸었다. 블록은 원래 신용카드 결제를 간편하게 하는 오프라인 솔루션에서 시작해 기업형 대출과 개인 예금, 주택 관련 자금 서비스 등을 제공하며 일반 사용자를 대상으로 사업 영역을 크게 확장했다. 현재는 캐시앱을 통해 송금, 주식 거래, 암호화폐 구매 등 대부분의 금융 서비스를 제공하고 있다.

블록은 웹 3.0 시대를 대비해 암호화폐와 블록체인 사업을 새로운 성장 동력으로 삼고 있다. CEO인 잭 도시가 웹 3.0에 대해 비판적인 발언을 한 것과는 별개로 블록은 블록체인 비즈니스에 진심을 다하고 있다. 블록은 이미 2018년부터 비트코인 거래를 시작하고 직접 비트코인을 대량으로 매수했다. 개인 사용자가 비트코인을 판매하면 블록이 이를 구매한 뒤 다른 구매자에게 다시 판매하는 방식으로 안전한 거래가 이루어지도록 하고 수수료를 받고 있다.

블록을 이끄는 잭 도시는 성명을 발표하고 "블록은 단순히 결제 서비스에서 그치지 않고 그 이상을 향해 나아갈 것"이라며 목표를 제시한 바 있다. 그 일환으로 직접 탈중앙화 거래소(DEX)를 만들겠다는 계획을 선언하며 'tbDEX'라는 이름의 백서를 공개하기도 했다.

사용자의 경제 접근성을 높이기 위한 도구를 계속 개발하겠다는 목표도 명확하다. 스퀘어의 성공은 사용자가 모바일 환경에서 쉽게 금융에 접근할 수 있었기에 가능했다. 따라서 잭 도시는 블록체인에서도 사용자가 쉽게 접근하고 금융 활동을 할 수 있는 환경을 만들고 싶은 것이다. 이 때문에 잭 도시가 밝힌 탈중앙화 암호화폐 거래소에는 빠른 환전 같은 기능이 포함될 것이다. 또한 앞으로 다양한 암호화폐를 지원하고 NFT, 디파이 등의 서비스를 선보일 것으로 예상된다.

블록은 기존 핀테크 기업과의 경쟁에 더해 블록체인과 암호화폐

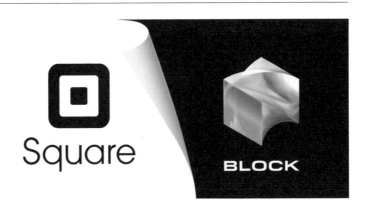

> 잭 도시는 사명을 스퀘어에서 블록으로 바꾸며 웹 3.0 시대에 새로운 도전을 시작했다. 블록은 블록체인 사업을 성장 동력으로 삼아 디지털 결제 시장 외 사업으로도 확장할 예정이다.

분야에서도 수많은 경쟁이 기다리고 있다. 블록이 계획대로 탈중앙화 거래소 서비스를 시작하면 기존 중앙화 거래소와는 물론 다른 탈중앙화 거래소와도 경쟁해야 한다. 또한 기업들이 블록체인 기반으로 블록의 캐시앱과 유사한 서비스나 디지털 월렛을 만든다면 더욱 치열한 경쟁이 예상된다. 디지털 월렛이 있으면 디파이 등의 각종 금융 서비스를 추가할 수 있는데 이때는 전 세계 수많은 디파이 기반 기업, 프로젝트와 겨뤄야 하기 때문이다.

그럼에도 웹 3.0 시대의 탈중앙화 금융인 디파이는 블록이 결국 추진해야 할 영역이며, CEO인 잭 도시의 결정에 따라 다양한 전략을 구사할 것이다. 블록이 직접 디파이와 블록체인을 개발할 수도 있겠지만, 블록체인 관련 기술 및 디파이 관련 기업과 인수 및 제휴로 영역을 개척할 가능성이 크지 않을까 예상한다.

비트코인에 매우 강한 지지를 보내는 잭 도시의 성향에 따라 블록

···▷ 블록의 디지털 결제 서비스 앱 캐시 앱. 송금뿐만 아니라 주식과 암호화폐 구매 서비스를 제공하고 있다.

출처_Cash App

역시 다른 자산 운용사처럼 비트코인 현물 ETF를 출시하고 비트코인의 가치와 관련한 비즈니스, 서비스를 시작할 수도 있을 것이다. 이미 스퀘어로 웹 2.0에서 큰 성공을 거둔 그가 웹 3.0에서 블록을 어떻게 끌고 나갈 것인지 기대된다.

서클_스테이블 코인 시장의 1인자

웹 2.0 시대를 이끈 핀테크 기업이 블록이었다면, 웹 3.0 시대에도 눈에 띄는 핀테크 기업이 많다. 암호화폐를 기반으로 한 블록체인 중심 핀테크 기업은 그 수가 많은데 특히 주목할 기업으로는 서클 Circle 이 있다. 서클은 미국 골드만삭스의 자회사로 블록체인 및 암호화폐 결제 서비스 기업이다. 2013년 제레미 얼레어 Jeremy Allaire와 션 네빌 Sean Neville이 설립한 서클은 초기부터 골드만삭스, 바이두 Baidu, 바클레이즈 Barclays 등 유명 기업의 투자를 받으며 관심을 불러왔다.

서클은 2018년부터 본격적으로 암호화폐 시장에서 두각을 나타내기 시작했다. 2018년 폴로닉스 Poloniex라는 암호화폐 거래소를 인수했는데, 당시 폴로닉스가 장외 거래 시장에서 240억 달러(약 28조 원)에 달하는 거래량을 보이면서 암호화폐 생태계의 핵심 유동성 공급자로 떠올랐다.

서클은 일반 투자자를 위한 암호화폐 투자 서비스와 송금 및 장외 거래(OTC) 서비스 등을 제공한다. 하지만 서클의 진짜 핵심은 'USDC'에 있다. 서클은 2018년부터 USDC라는 미국 달러에 연동(페깅, Pegging)된 스테이블 코인을 발행했다. 스테이블 코인은 미국 달러화와 1:1 가치 연동을 목표로 하는 암호화폐다.

이 스테이블 코인은 암호화폐나 디파이 시장에서 활용도가 매우 높다. 예를 들어 메타버스와 같은 가상 공간에서 물건을 구입할 경우 가격 변동성이 있는 암호화폐를 사용하기 어려울 수 있다. 이때 달러와 동일한 가치를 갖는 USDC가 대안이 될 수 있다. 또한 극심한 가격 변동이 예상될 때 암호화폐를 USDC로 바꿔 자산을 유지할 수 있다. 미국 달러를 디지털로 보유하고 있는 것과 같은 개념이기 때문에 스테이블 stable, 즉 가치가 안정적이다.

스테이블 코인은 일반적으로 디파이 프로젝트 토큰들을 예치하고 대출할 때 법정화폐와 동일한 가치를 보증하는 용도로 사용된다. 기

⤏ 서클의 성장을 이끈 스테이블 코인 USDC. 미국 달러와 1:1로 가치가 연동된다.

존에는 테더 Tether사에서 발행하는 USDT라는 스테이블 코인이 가장 많이 사용됐다. 하지만 테더가 불투명한 운영 구조로 논란이 일면서 USDC가 USDT를 제치고 공급량 1위에 오르기도 했다.

서클은 2021년 미국 증시에 상장하겠다고 발표하며 스팩(SPAC, 기업인수목적회사)*인 콘코드 애퀴지션 Concord Acquisition과 계약을 했다. 당시 서클은 45억 달러(약 5조 3,000억 원) 가치로 평가받았다. 하지만 2022년 기존 계약을 수정하고 기업가치는 두 배로 뛰어 90억 달러(약 10조 7,000억 원)가 됐다.[24]

서클이 미국 증시 상장을 눈앞에 두며 기업가치가 두 배나 오른 이유는 USDC의 성장과 시장 점유율 확대 덕분이다. 앞으로 암호화폐

---

* 스팩(SPAC, Special Purpose Acquisition Company)은 기업인수목적회사를 의미한다. 인수·합병만을 목적으로 설립하는 명목상의 회사다.

시장에서 디파이의 성장이 지속된다면 USDC의 사용은 계속 늘어날 것이다. 아울러 USDC는 단순히 디파이 시장에서 대출용으로 사용하는 것에 그치지 않고, 달러와 동일한 가치를 가진다는 특징을 활용해 송금, 결제 등 금융 서비스 전반에서 자리를 잡고 있다. 또한 서클은 최초로 멕시코와 미국 간 크로스 보더^{cross-border} 블록체인 결제 서비스를 제공하며 국경 간 결제 편의성을 높였다.

서클의 상장은 스팩 합병에 대한 승인이 필요하기 때문에 아직 확실하지 않다. 상황에 따라 2023년까지 공모 종료일이 연장된다면, 상장은 2023년에 가능할 전망이다. 서클이 스테이블 코인 시장에서 테더를 제치고 1위의 자리를 유지할지, 암호화폐 기업으로는 코인베이스 이후 두 번째로 미국 증시에 상장이 가능할지 많은 이들이 주목하고 있다.

게임
_MS블리자드, EA

메타버스와 NFT가 핫한 트렌드로 떠오르면서 이를 가장 빠르게 받아들인 대표 산업은 다름 아닌 '게임'이다. 신작 게임에 플레이 투 언과 NFT를 적용하는 게임사가 늘어나고 있다. 많은 게임사가 웹 3.0시대의 게임 시장을 선점하기 위해 이미 물밑에서 움직이고 있다.

메타버스와 NFT가 핫한 트렌드로 떠오르면서 이를 가장 빠르게 받아들인 대표 산업은 다름 아닌 '게임'이다. 블록체인 기반의 P2E 게임 〈엑시 인피니티〉와 위메이드의 〈미르4〉 등이 잘 알려져 있다.

신작 게임에 플레이 투 언과 NFT를 적용하는 게임사가 늘어나고 있다. 기존 게임 형태에 블록체인 요소를 일부 더하는 형태가 아니라 아예 탈중앙화 블록체인 기반 게임을 제작하는 회사도 있다. 물론 아직 NFT나 플레이 투 언은 시기상조로 판단하고 한발 물러나 있는 게임사들도 있다. 하지만 많은 게임사가 웹 3.0 시대의 게임 시장을 선점하기 위해 이미 물밑에서 움직이고 있다.

MS블리자드_강력한 콘텐츠로 강화하는 메타버스 경쟁력

마이크로소프트가 687억 달러(약 82조 원)를 들여 인수한 대형 게임사 액티비전 블리자드Activision Blizzard는 두꺼운 마니아층이 있는 게임 IP를 보유하고 있다. 〈스타크래프트Starcraft〉, 〈콜 오브 듀티Call of Duty〉 등 유명 게임을 개발한 액티비전 블리자드 인수 이후 마이크로소프트의 전략에 많은 관심이 쏟아졌다. 게임 업계는 마이크로소프트가 메타버스 시장을 위한 콘텐츠 확보에 나선 것으로 보기도 하고, 클라우드 게임을 강화하기 위한 전략으로 보기도 한다.

액티비전 블리자드 인수 직후 사디아 나델라Satya Nadella 마이크로소프트 CEO는 "게임이 메타버스 플랫폼의 핵심 역할을 할 것"이라고 밝혔다. 그는 메타버스 속 게임을 콘텐츠는 물론 커뮤니티가 머무는

···⟩ 마이크로소프트의 게임 구독 서비스인 'Xbox 게임 패스'. 클라우드 기반으로 게임을 스트리
  밍하며 즐길 수 있다.

곳으로 정의하고 그 생태계가 중요하다고 말했다. 액티비전 블리자드
의 월간 활성 사용자(MAU)는 2021년 말 기준 약 3억 7,000만 명에 달
한다.[25] 전 세계 190개 국가에 사용자가 분포되어 있어 마이크로소프
트의 제품과 콘텐츠를 충성도 높은 커뮤니티에게 전달하기 유리하다.

  마이크로소프트가 클라우드 게임을 강화하기 위해 인수했다는 시
각도 일리가 있다. 현재 마이크로소프트는 'Xbox 게임 패스Xbox Game
Pass'라는 구독형 서비스를 통해 클라우드 게임에 주력하고 있다. 게임
패스를 통해 클라우드 기반으로 게임을 스트리밍해 즐길 수 있는데,
사용자는 2,500만 명 이상으로 알려져 있다.

  마이크로소프트는 액티비전 블리자드 같은 대형 게임사를 인수하

면서 메타버스와 클라우드 게임을 강화하는 동시에 기존에 보유하고 있는 가상현실과 증강현실 기술을 활용할 것으로 보인다. 증강현실 기기인 '홀로렌즈2 HoloLens2'를 출시한 이력이 있는 마이크로소프트는 가상현실, 증강현실, 실제 현실이 모두 혼합된 혼합현실을 지향한다.

애플, 구글, 메타 등 경쟁 기업이 모두 메타버스를 위해 가상현실과 증강현실 기술을 연구하는 상황에서 마이크로소프트가 혼합현실을 통해 메타버스 경쟁력을 강화하려는 것은 당연한 수순일 것이다. 기술이 준비되면 이를 통해 대중에게 전달할 콘텐츠가 중요해진다. 앞서 나델라 CEO가 언급한 바와 같이 마이크로소프트는 게임을 중요 콘텐츠로 낙점한 것이다. 결국 게임을 중심으로 한 마이크로소프트의 메타버스 전략은 재미있는 콘텐츠, 이를 지지하며 즐길 커뮤니티, 혼합현실을 구현하기 위한 기술로 완성된다.

한 가지 우려되는 부분은 웹 3.0과 메타버스는 '개방성'이 가장 중요하다는 점이다. 마이크로소프트는 지금까지 폐쇄된 형태의 서비스를 중심으로 사업을 이어왔다. 하지만 오랜 기간 전 세계 컴퓨터 시장을 지배했던 마이크로소프트의 윈도우 OS는 영향력이 약화되고 있다. 그래서 2018년 마이크로소프트가 세계 최대 오픈소스 코드 공유 플랫폼인 '깃허브 GitHub'를 75억 달러(약 8조 원)에 인수한 사례는 마이크로소프트의 변화를 알리는 신호탄이 되었다.

클라우드를 중심으로 오픈소스를 포용하는 모습은 마이크로소프트가 개방성과 커뮤니티의 중요성을 깨달은 것이라고 볼 수 있다. 액티비전 블리자드의 인수로 강력한 콘텐츠와 커뮤니티를 확보한 마이크로소프트가 완전히 개방된 메타버스 생태계와 클라우드 게임을 만들어 낼 수 있을지 지켜봐야 할 것이다.

EA_NFT와 메타버스로 도약을 준비하다

전통적인 비디오 게임 퍼블리셔 중 하나인 'EA(Electronics Arts, 일렉트로닉 아츠)'는 아직 메타버스와 NFT 분야에 발을 담그지 않았다. 하지만 최근 EA의 실적 발표를 보면 이들이 변화에 대해 준비하고 있음을 알 수 있다. EA의 CEO 앤드류 윌슨[Andrew Wilson]은 2021년 말 회사 실적 발표에서 "NFT가 EA의 게임에 '가치를 더하는' 또 다른 방법이 될 수 있다"라고 말했다.[26] 또한 "NFT와 P2E 모델을 게임 업계의 미래에 중요한 부분으로 생각하며 잠재력을 확인하고 있다. 돈을 벌기 위한 플레이나 NFT에 대한 대화는 아직 매우 초기 단계이며 많은 대화가 이루어지고 있다고 생각한다. 그리고 아직 어느 정도는 과장된 부분이 많다"라고 언급하기도 했다.

EA는 1982년 창립 이래 세계적으로 인기 있는 게임을 여럿 탄생시킨 기업이다. 〈FIFA〉 시리즈와 〈매든 NFL[Madden NFL]〉, 〈니드 포 스피드[Need for Speed]〉 같은 스포츠 게임, 〈더 심즈[The Sims]〉와 〈심시티[SimCity]〉 시리즈 등을 선보였다. EA는 전통적인 게임 퍼블리셔로서 오랜 기간 정상에 자리 잡고 있다. 이들은 메타버스와 NFT로 촉발된 변화에 어떻게 대응할까?

EA의 〈FIFA〉, 〈매든 NFL〉과 같은 게임은 디지털 카드 트레이딩이 가능해서 수집한 카드가 일종의 디지털 자산 역할을 한다. 여기서 NFT를 쉽게 떠올릴 수 있지만, 현재 EA 게임의 디지털 자산은 개별 게임에 고정되어 있어 게임 내 생태계를 벗어날 수 없다. NFT는 자유롭게 판매, 거래가 가능한 개방된 생태계에서 가치가 생겨나기 때문에 현재 EA의 게임 구조로는 NFT 활용이 원천적으로 불가능하다.

월 스트리트의 많은 애널리스트들은 게임 회사가 플레이어의 참여를 끌어내기 위해서는 인기 타이틀을 중심으로 대화형 경험이 가능한 메타버스를 구축해야 한다고 말한다. 게임은 단기적인 수익보다

⋯▷ EA는 세계적으로 인기 있는 게임을 다수 보유해 두꺼운 팬층을 형성하고 있다. 웹 3.0시대를 맞아 EA는 메타버스, NFT, P2E 모델을 중심으로 변화를 준비 중이다.

출처_EA

5장 주목할 웹 3.0 시대의 기업

충성도 높은 플레이어를 통해 장기적으로 더 많은 수익을 창출할 수 있는 구조를 만드는 것이 중요하기 때문이다. 따라서 지금은 게임 업계에 메타버스와 NFT 초기 영역으로의 전환이 필요한 시점이라고 지적했다.

의외로 EA는 메타버스, NFT 구조를 오랜 기간 경험해왔다. 〈더 심즈〉와 〈심시티〉 시리즈는 디지털 아바타와 공간을 구현한 대표적인 게임이다. 2014년 출시된 〈더 심즈 4〉 이후로 현재까지 7년간 후속작이 나오지 않고 있는데, 〈더 심즈 5〉는 언리얼 엔진 기반으로 만들어지고 외부 생태계와 연동이 될 수 있다는 루머가 돌고 있다. 만약 새로운 〈더 심즈〉 시리즈가 다른 게임 플레이어와 연동되고 게임 내 아이템의 자산화가 가능하다면 그 어떤 회사보다 강력한 메타버스 게임을 구현할 수 있을 것으로 보인다.

게임 보상과 트레이딩 역시 이미 스포츠 게임에 구현되어 있다. 〈FIFA〉 시리즈에서는 게임을 즐기면서 코인, 아이템 등 다양한 보상을 획득할 수 있는데, 코인을 사용해 팩을 구매하거나 새로운 선수를 영입할 수 있다. 이러한 기존 구조가 있다면 블록체인을 적용하고 NFT까지 구현하는 것은 생각보다 어렵지 않을 것으로 예상한다.

하지만 NFT와 블록체인 게임 시장의 잠재력을 확인하고 있다고 말한 윌슨 CEO는 한 발짝 물러섰다. 그는 2022년 현재 NFT에 대한 EA의 투자 가능성을 묻는 질문에 "현재 진행 중인 것이 없다"고 답했다.[27] NFT와 블록체인이 게임과 사용자 경험에 중요한 부분일 것이라고 생각하지만 지켜봐야 한다고 전했다. 아직 구체적인 방안을 밝히지 않았지만 윌슨 CEO는 블록체인 게임의 자산 소유권이 더 긴 시간, 더 많은 사람의 참여를 유도할 수 있는 좋은 방법이라고 말한 바 있다. 기존 게임을 개방하고 NFT를 바로 적용하기는 어렵겠지만, 전통 게임 최대 퍼블리셔인 EA 역시 새로운 트렌드에 동참할 준비를 하는 것은 사실이다.

지금까지 EA의 게임 대부분은 생태계가 해당 게임 내에서만 존재해 개방성이 없었지만, 미래에는 게임 생태계를 오픈하고 〈더 심즈〉와 〈심시티〉 등 메타버스와 가까운 게임을 연결할 수 있을 것이다. 이와 더불어 자산의 토큰화, NFT화를 진행한다면 EA는 그 어떤 게임사보다 메타버스 세계에 빠르게 뛰어들 수 있다. EA가 보유한 역량과 유저를 통해 웹 3.0 시대 게임 산업을 주도할 수 있을지 지켜볼 필요가 있다.

암호화폐 거래소
_코인베이스, FTX

블록체인 기반의 암호화폐가 탄생한 이후 가장 많은 수혜를 얻은 기업은 다름 아닌 '암호화폐 거래소'다. 이들은 중앙화된 형태를 띠고 있지만, 암호화폐를 원화나 달러와 같은 법정화폐로 교환할 수 있어 디지털 경제와 실물 경제를 잇는 역할을 하고 있다. 한발 더 나아가 암호화폐 거래소는 이제 디지털 금융 플랫폼으로 발전하고 있다.

블록체인 기반의 암호화폐가 탄생한 이후 가장 많은 수혜를 얻은 기업은 다름 아닌 '암호화폐 거래소'다. 이들은 중앙화된 형태를 띠고 있지만, 암호화폐를 원화나 달러와 같은 법정화폐로 교환할 수 있어 디지털 경제와 실물 경제를 잇는 역할을 하고 있다. 탈중앙을 기치로 탄생한 암호화폐가 정작 거래는 중앙화 거래소에서 이루어진다는 점은 아이러니하다. 하지만 법정화폐와 교환이 가능한 거래소가 존재하지 않았다면 지금의 암호화폐 시장 역시 형성되기 어려웠을 거라는 점은 부정할 수 없는 사실이다.

중앙화 거래소의 상장 및 상장폐지 심사 자격, 시세 조종 의혹, 막대한 수수료 수입 등 여러 구조적 문제 제기로 인해 탈중앙화 거래소가 주목을 받고 있기도 하다. 탈중앙화 거래소는 유동성을 참여자가 직접 공급하고 수수료 수입도 거래 참여자에게 직접 배분되거나 보상 코인의 형태로 지급된다. 다양한 형태의 탈중앙화 거래소가 등장하며 그중 중앙화 거래소를 제치고 전 세계 거래량 1위를 기록한 곳이 나올 정도로 인기를 끌었다.

대신 중앙화 거래소는 거래 참여자를 대신해 지갑을 관리해주고 암호화폐와 법정화폐를 교환할 수 있어 접근성과 편리성이 높다. 이런 이점 때문에 많은 거래 참여자가 있어 거래량이 활발하다. 또한 중앙화 거래소는 새로운 서비스를 추가하는 등 다양한 산업으로의 확장이 가능하다는 장점이 있다. 예를 들어 FTX는 일반 증권 거래 시장도 노리고 있으며, 코인베이스처럼 기업의 형태라면 미국 증시에 상장도 가능하다. 지금 전 세계에서 가장 주목받는 중앙화 거래소는 다음과 같다.

코인베이스_종합 금융 플랫폼을 꿈꾸는 중앙화 거래소

코인베이스는 미국 최대 암호화폐 거래소이며 미국 증시에 최초로 상장한 암호화폐 거래소다. 코인베이스는 현재 전 세계 100개 국가 이상에서 사용할 수 있는 글로벌 암호화폐 거래소다. 2012년 설립 후 유명 벤처캐피털인 앤드리슨 호로위츠, 유니온스퀘어 벤처스 Union Square Ventures 등으로부터 2억 달러가 넘는 투자를 유치했다. 2021년 기준 사용자는 약 5,600만 명, 월간 사용자는 약 880만 명이다. 매출액은 약 74억 달러(약 8조 9,800억 원)에 달한다. 코인베이스가 미국 증권거래위원회에 제출한 자료에 따르면 매출의 대부분은 암호화폐 거래 수수료에서 발생한다고 한다. 암호화폐 시장 상황에 따라 매출액은 달라지지만, 기본적으로 대부분의 매출이 개인 투자자의 거래 수수료에서 나오는 것이다.

코인베이스는 기업이나 월가의 대형 투자기관 등을 위해 자산을 수탁하는 커스터디 Custody 서비스를 제공하고 있다. 금액이 큰 거래와 장외 거래 등을 지원한다. 또한 일반 개인 투자자는 이용할 수 없는 기관 투자자를 위한 서비스를 제공하며 수익을 다각화하려는 노력을 이어가고 있다.

코인베이스는 막대한 매출을 기반으로 기술 및 보안 개선에 투자하며 관련 기업을 인수했다. 2018년부터 현재까지 약 20개 기업을 인수했는데, 주로 코인베이스의 약점을 보완할 기술을 보유한 기업이 그 대상이 됐다. 예를 들어 블록체인 데이터를 시각화하는 기술을 보유한 기업을 인수해 활용하고, 암호화 기술 기업을 통해 데이터와 계정 등에 대한 보안을 강화했다.

코인베이스의 창업자이자 CEO는 브라이언 암스트롱^{Brian Armstrong}이란 인물이다. 컴퓨터 과학 석사 학위를 받은 암스트롱은 개발자로 일하며 2010년 비트코인 백서를 접하고 비트코인의 매력에 빠졌다. 그는 코인베이스를 단순한 암호화폐 거래소가 아닌 다양한 방식의 결제와 투자가 가능한 금융 플랫폼으로 만들겠다는 목표를 갖고 있다. 이러한 방향성은 대부분의 중앙화 거래소가 추구하는 것과 유사하다. 코인베이스의 가장 강력한 경쟁자로는 미국 내에서 FTX가 있으며, 전 세계에서 가장 큰 거래소인 바이낸스도 있다. 종합 금융 플랫폼이라는 목표를 위해서는 기존 핀테크 기업과의 대결도 불가피하다.

코인베이스는 담보대출을 포함한 다양한 금융 서비스를 선보이면서 거래 수수료 중심의 매출 구조를 바꿀 수 있을 것으로 보인다. NFT 등 다양한 디지털 자산 중개 사업도 적극적으로 추진하고 있다. 코인베이스는 NFT 사업이 기존 암호화폐 트레이딩 사업보다 커질 것으로 예상하기도 했다.

블록체인 기술 확보와 암호화폐 투자 측면에서 블록체인 기업에 투자하고 스타트업을 육성하는 것은 중요하다. 코인베이스는 전문적인 투자를 위해 '코인베이스 벤처스^{Coinbase Ventures}'를 설립해 블록체인 스타트업의 투자와 육성을 담당하게 했다. 코인베이스 벤처스 포트폴리오에 편입된 기업과 관련 암호화폐 리스트는 투자자들이 참고해야 할 자료로 꼽히기도 한다. 코인베이스 벤처스는 현재까지 약 150개 이상의 스타트업에 투자했다.

코인베이스는 향후 다양한 비즈니스로 확장하고 서비스를 추가하며 암호화폐 트레이딩에 대한 의존도를 줄이고, 더 많은 고객을 제도권 내에서 유치해야 하는 숙제가 있다. 코인베이스는 미국 증시에 상장한 기업으로 다른 비상장 거래소와 다르게 기관 및 개인 투자자에 대한 보호와 관리 의무도 있다. 따라서 미국 증권위원회의 관리 감독과 각종 제도권의 금융 규제에 직격탄을 맞을 가능성이 다른 거래소보다 크다. 반대로 장점도 있는데, 규제 내에서 사업을 꾸준히 확장할 경우 경쟁사에 비해 안전하고 안정적인 성장을 기대할 수 있다는 것

···⟩ 코인베이스 벤처스의 분야별 투자 비중. 웹 3.0인프라와 프로토콜이 29퍼센트로 가장 큰 비중을 차지한다.

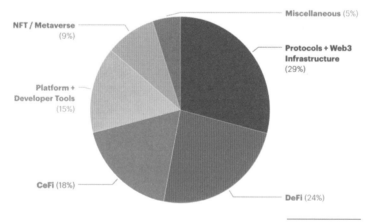

Ventures investments by category

Miscellaneous (5%)

NFT / Metaverse (9%)

Protocols + Web3 Infrastructure (29%)

Platform + Developer Tools (15%)

CeFi (18%)

DeFi (24%)

출처_Coinbase Ventures

이다. 상장사인 코인베이스는 실적과 내부 자료 역시 공개하기 때문에 기업의 현황을 파악하기도 용이하다. 향후 코인베이스가 어떤 사업 부문을 강화하는지에 따라 기존 금융사와의 경쟁력도 가늠할 수 있을 것이다.

FTX_최고를 넘보는 암호화폐 거래소의 슈퍼루키

FTX는 세계 4위권의 암호화폐 거래소다. 2019년에 설립되어 다른 암호화폐 거래소에 비해 설립 시기가 늦은 편이다. 하지만 레버리지 선물 거래를 비롯해 다양한 방식의 암호화폐 거래가 가능하다는 장점을 바탕으로 세계적인 투자사들로부터 투자를 받으며 급성장했다.

특히 FTX는 CEO인 샘 뱅크먼프리드 Sam Bankman-Fried가 2017년에 설립한 알라메다 리서치 Alameda Research의 지원을 받는다. 알라메다 리서치는 암호화폐 거래 회사이자 유동성 제공업체로 10억 달러 이상의 디지털 자산을 운용하고 있다.

또한 FTX는 2021년 기업이 시장에서 인정받기 시작하는 단계인 시리즈B 투자금을 모을 때도 많은 투자사의 관심을 받으며 9억 달러(약 1조 원)의 자금을 성공적으로 유치했다. 이때 소프트뱅크 SoftBank나 세쿼이아 캐피털 Sequoia Capital 같은 유명 벤처캐피털이 투자했다. 당시 FTX의 기업가치는 180억 달러(약 20조 원)에 달했는데, 2022년 1월 FTX는 4억 달러(약 5,000억 원) 규모의 시리즈C 투자를 유치하면서 320억 달러(약 38조 원)의 가치로 평가됐다.[28] FTX의 미국 법인인 FTX US도

시리즈A 투자를 유치했는데, 소프트뱅크, 타이거 글로벌 Tiger Global, 테마섹 Temasek 등 글로벌 펀드가 참여했다. FTX US는 별개의 법인으로 80억 달러(약 9조 5,000억 원)의 가치를 인정받았다.

FTX 거래소는 암호화폐 일반 거래뿐만 아니라 선물, 옵션 등 변동성 상품과 파생상품, ETF와 유사한 레버리지 토큰, 장외거래 등의 다양한 상품과 서비스를 제공한다. 2021년 암호화폐 거래량이 최고조였을 때 일일 거래량이 100억 달러(약 1조 1,800억 원)에 달했다.

FTX는 미국 정부에 우호적인 입장을 유지하며 규제를 준수하고 사업을 확장하고 있다. 스테이블 코인 USDC를 발행하는 서클을 비롯한 다양한 블록체인, 암호화폐 기업과 협력하고 있다.

FTX는 암호화폐 거래소의 핵심 업무인 트레이딩 외 다른 영역으로도 빠르게 확장하고 있다. 게이밍 펀드를 구성하는 한편, 블록체인 게임 전담 팀을 만들어 게임 시장에 진출하기로 발표하기도 했다. 해당 팀은 게임에서 사용되는 토큰과 NFT 등을 발행하는 과정에 기술 지원을 할 예정이다. 또한 패션 및 뷰티 분야에도 관심을 보이며 전문가를 영입하고 전담 부문을 신설했다. 이를 통해 명품 브랜드와 협력을 추진할 것으로 보인다. 2021년에는 마이애미 히트 Miami Heat 홈구장의 명명권을 사들여 FTX 아레나 FTX Arena로 바꾸기도 했다. 스포츠계에선 유명 미식축구 선수인 톰 브래디 Tom Brady와 그의 부인인 슈퍼모델 지젤 번천 Gisele Bundchen이 FTX의 앰버서더이자 광고 모델로 활동했다. NBA 최고 스타 중 한 명인 스테판 커리 Stephen Curry와 MLB 스타 오

⋯⟩ FTX 아레나. FTX는 2021년 마이애미 히트 홈구장의 명명권을 사며 적극적으로 브랜드를 마
케팅하고 있다. 암호화폐 외 스포츠, 패션 등의 영역에도 사업을 확장 중이다.

출처_FTX Arena 홈페이지

타니 쇼헤이도 FTX의 앰버서더다.

이처럼 FTX는 블록체인과 암호화폐 마케팅에 적극적이며 패션, 스
포츠 등 다양한 산업 분야로 확장에 나서고 있다. 또한 일반 주식 거
래에도 관심을 보이며 미국 주식 거래 중개 업체를 인수할 계획이라
고 밝힌 바 있다. 일반 주식 거래 서비스까지 제공하겠다는 것은 로빈
후드를 비롯한 기존 핀테크, 금융 기업과의 정면 대결을 선언하는 것
과 마찬가지다. 이 모든 행보를 통해 FTX가 암호화폐 거래 수수료 매
출에만 매달리는 것이 아니라 사업 다각화를 통해 통합 금융 서비스
기업이 되고자 함을 엿볼 수 있다.

FTX는 더 큰 그림을 그리고 있다. 2022년 FTX는 20억 달러(약 2조 4,000억 원) 규모의 펀드를 만든다. FTX 벤처스는 블록체인, 인공지능, 금융 등 블록체인과 웹 3.0 관련 산업에 대규모로 투자한다. 펀드는 FTX를 중심으로 블록체인 기술이 여러 산업에 확산되는 것을 목표로 삼았다.

또한 CEO인 샘 뱅크먼프리드는 인류의 미래를 개선하기 위한 자선 펀드인 'FTX 미래 펀드(FTX Future Fund)'를 만든다고 발표했다.[29] 미래 펀드의 특징은 블록체인이나 암호화폐가 아닌 분야에 적극적으로 투자한다는 것이며, 영리와 비영리 여부도 따지지 않고 최소 1억 달러(1,200억 원)를 투자할 예정이라고 한다. 투자 대상에는 인공지능과 같은 기술은 물론 세계 빈곤 문제나 선거 제도 개선과 같은 사회, 정치 분야도 포함한다. FTX가 꿈꾸는 미래 계획은 생각보다 훨씬 원대한 것으로 보인다.

FTX의 포부와 관련한 재미있는 사건이 있었다. CEO 샘 뱅크먼프리드가 2021년 7월 진행한 인터뷰 내용이다. 당시 그는 최고의 전통적인 금융사로 봐도 무방한 골드만삭스를 인수하고 싶다고 인터뷰했다.[30] FTX가 가장 큰 암호화폐 거래소가 된다면 골드만삭스나 시카고상품거래소(CME)를 인수할 가능성이 있다고 말이다. 당시 FTX와 골드만삭스의 기업가치 차이는 7배 정도였다(물론 골드만삭스가 큰 쪽이다). 대부분의 사람은 그의 발표를 허무맹랑한 소리라고 일축했다. 하지만 FTX가 시리즈C 투자를 받으면서 기업가치가 급등해 이제 둘의 기업가치 차이는 4배 정도로 줄었다.

현재 FTX는 비상장 회사다. 따라서 여기서 얘기하는 기업가치는 단순히 투자의 측면에서 예상한 밸류에이션이다. 골드만삭스는 상장 사이므로 어쩌면 두 기업을 단순 비교하는 것은 무리일지도 모른다. 하지만 FTX가 현재까지 밝힌 계획을 기반으로 향후 어떻게 성장할 지에 따라 암호화폐 기업이 전통 금융사와 힘을 합치는 일이 일어나지 않으리라는 법은 없다.

투자사
_애니모카 브랜드,
그레이스케일

메타버스, 블록체인과 암호화폐 등 웹 3.0요소를 근간으로 삼은 기업들이 속속 등장하고 있다. 이들을 지원하며 웹 3.0의 핵심기술과 콘텐츠, 서비스를 개발하고 그 잠재력에 투자하는 기업들이 웹 3.0으로의 전환기를 이끌고 있다.

메타버스, 블록체인과 암호화폐 등 웹 3.0 요소를 근간으로 삼은 기업들이 속속 등장하고 있다. 이들을 지원하며 웹 3.0의 핵심기술과 콘텐츠, 서비스를 개발하고 그 잠재력에 투자하는 기업들이 웹 3.0으로의 전환기를 이끌고 있다. 책 서두에 언급한 앤드리슨 호로위츠와 같은 글로벌 벤처캐피털과 소프트뱅크, 삼성넥스트 등 글로벌 투자사는 이미 이러한 웹 3.0 중심 기업에 투자하고 있다.

국내에서도 SK네트웍스 등 여러 대기업이 디지털 자산에 대한 투자를 확대하고 있다. 국내 대형 투자그룹 미래에셋이 디지털 자산을 개발하고 관리하는 전문 법인인 '미래에셋컨설팅'을 설립하는 등 IT 기업과 금융 기업을 중심으로 연구·개발과 투자가 잇따르고 있다.

기존 웹 2.0 중심의 기업도 블록체인이나 메타버스를 연구하고 활용하기 시작했다. 하지만 회사의 모든 역량을 웹 3.0에 쏟는 기업들은 이제 막 등장한 상황이다. 아직 웹 3.0이 완전히 열리지 않은 전환기이기 때문에 앞서 살펴본 암호화폐 거래소와 같은 기업들을 제외하고는 대부분 스타트업의 형태로 늘어나고 있는 상황이다.

기업의 DNA가 웹 3.0 기반이며 웹 3.0에 집중한 기업들은 자체적인 비즈니스 모델을 만들어 이미 매출을 올리고 있거나 연구·개발을 위해 R&D에 막대한 비용을 쏟아붓고 있다. 이를 위해 웹 3.0 기업을 대상으로 집중적으로 투자하는 투자사가 등장했다. 해외에는 대표적으로 애니모카 브랜드^{Animoca Brands}와 디지털커런시그룹^{Digital Curency Group,} ^{DCG}, 마이크로스트래티지 등이 있으며 국내에는 해시드 등이 있다.

애니모카 브랜드_디지털 재산권을 누리는 세상을 만들다

애니모카 브랜드는 홍콩에 기반을 둔 게임 소프트웨어 및 블록체인 벤처캐피털이다. 애니모카 브랜드는 NFT 및 블록체인 관련 기술을 보유하고 있으며, 동시에 유명한 블록체인 프로젝트에 투자한다. 엑시 인피니티와 샌드박스 등 주로 게임 관련 프로젝트에 투자하면서 명성을 얻었다.

애니모카 브랜드는 2021년 기준 22억 달러(약 2조 6,400억 원)의 기업 가치를 평가받았다. 하지만 2022년 세쿼이아 캐피털, 소로스 펀드 매니지먼트^{Soros Fund Management} 등 여러 투자사로부터 3억 6,000만 달러(약 4,300억 원)의 신규 투자를 유치하며 기업가치는 58억 달러(약 6조 9,800억 원)로 두 배 이상 뛰었다.

2021년 NFT 열풍이 불기 전부터 애니모카 브랜드만큼 강한 추진력으로 블록체인과 NFT에 투자를 진행한 회사는 거의 없었다. 2014년 모바일 기업인 애니모카에서 분사한 애니모카 브랜드는 캐쥬얼 게임을 주로 판매했었다. 그러나 이후 애플 워치나 VR과 같은 하드웨어 기기 플랫폼을 통해 기술을 확장하기로 결정했고, 인공지능 기업을 인수하며 이에 대한 개발도 함께 진행했다.

이후 크립토키티를 접한 애니모카 브랜드는 블록체인이 제공할 수 있는 소유권과 관련 기술에 집중하기 시작했다. 2018년 이후 브랜드 라이선스와 게임 개발, 블록체인, NFT 등의 분야에 본격적으로 투자와 인수를 시작했다.

3년 넘게 공들인 블록체인 산업이 2021년 암호화폐 시장의 전반적인 상승과 NFT의 인기로 빛을 발하기 시작했다. 애니모카 창립자 얏 시우[Yat Siu] 회장은 2021년 말 회사 실적을 공유하며 "1년 전 우리는 디지털 자산의 소유와 P2E가 세상을 바꿀 것이라고 예고했다. 이제 NFT가 미래 디지털 경험의 축이 될 것이다"라고 말했다.[31] 그는 표면적으로는 단순히 NFT를 만드는 것처럼 보일 수 있지만, 궁극적으로 원하는 것은 '디지털 재산권을 세상 모든 사람이 누릴 수 있도록 하는 것'이라고 말했다. 디지털 재산권은 사람들이 '소유'의 중요성을 깨닫고 소유를 통해 새로운 창작이나 자산의 증식, 분배로 나아가는 문제

⋯⋗ 애니모카 브랜드는 블록체인과 NFT 산업에 적극적으로 투자하고 있는 벤처캐피털이다. 주로 게임 프로젝트에 투자하며 디지털 자산 소유의 가치에 집중하고 있다.

출처_Animoca Brands

다. 얏 시우 회장은 일찌감치 이를 깨닫고 웹 3.0 시대 핵심 가치로 삼은 것이다.

따라서 애니모카 브랜드의 투자 전략은 NFT 전반에 걸친 네트워크 효과와 이로 인해 생겨나는 디지털 자산 소유의 가치를 제고하는 것이다. 애니모카 브랜드는 산업 전반에 걸쳐 다양하게 투자하고 전체 산업에 소유라는 가치가 뿌리내릴 수 있도록 하고 있다.

애니모카 브랜드는 특히 NFT와 게임을 중심으로 이러한 전략을 수행한다. 이들이 다양한 NFT를 만들고 게임을 출시하는 특별한 이유가 있다. 게임 출시 전에 NFT를 판매하면 광고 효과가 있음은 물론, 자금을 확보하고 커뮤니티를 구성해 인지도를 끌어올릴 수 있기 때문이다. 이런 NFT는 게임에서 직접 사용할 수도 있고, 누구나 게임 출시 초반부터 거래를 통해 소유권이 확실한 디지털 자산을 획득할 수 있다.

물론 NFT의 열풍이 지나가고 거품이 사라져 거래가 급격하게 줄어든다면 NFT 시장은 침체기에 빠질 수 있다. 아직 제대로 검증된 모델이 없기 때문에 NFT 게임의 수명에 대한 의구심도 있다. 실제로 애니모카 브랜드의 대표적인 플레이 투 언(P2E) NFT 게임은 암호화폐 가격 하락과 더불어 게임성에 대한 관심이 떨어지면서 관심이 크게 줄었다. 지속가능한 NFT 게임 모델이 등장할 때까지 많은 게임에서 NFT 가격이 급등하고 급락하는 패턴이 나타날 수 있다.

하지만 애니모카 브랜드는 투자 측면에서 넓은 스펙트럼의 분산된

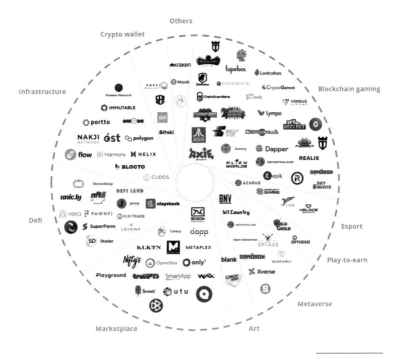

출처_Animoca Brands

포트폴리오를 가지고 있다. 게임 외에도 NFT와 메타버스 키워드를
중심으로 구성된 다른 프로젝트에 투자하고 있다. 음악 메타버스 프
로젝트나 패션 플랫폼 등에 분산 투자함으로써 NFT 시장의 변동성
에서 올 수 있는 리스크를 줄이고 있다.

또한 애니모카 브랜드는 타 브랜드와의 '강력한 협업'과 '파트너십'
이라는 강점을 갖고 있다. 음악, 금융, 패션 등 여러 분야의 기업들과 손을 잡으며 다양한 IP, 라이선스 등을 확보하고 있다.[32] 국내 기업과도 파트너십을 체결하고 투지하며 K-POP을 비롯한 다양한 콘텐츠를 NFT와 메타버스로 구현할 계획이다.

애니모카 브랜드는 많은 투자와 협력을 통해 웹 3.0 시대를 앞당길 기업이다. NFT 시장의 침체기가 온다면 이들이 어떻게 대처할지, 어떠한 산업의 브랜드와 협업을 하며 IP를 확보할지 주목해야 한다. 애니모카 브랜드의 철학이자 핵심 전략인 '디지털 재산의 소유'가 확고해지는 웹 3.0 시대가 오면 애니모카 브랜드는 지금과는 비교할 수 없을 정도로 성장해 있을지도 모른다.

그레이스케일_전 세계가 주목하는 투자 포트폴리오

디지털커런시그룹(DCG)은 블록체인, 암호화폐에 전문적으로 투자하는 벤처캐피털이다. DCG는 2016년 블록체인 전문 매체인 코인데스크 CoinDesk를 인수했고 디지털 자산 투자 및 관리 기업인 그레이스케일 인베스트먼트 Grayscale Investment 등을 보유하고 있다.

뉴욕에 본사를 두고 있는 DCG는 글로벌 30개국, 200개 이상의 회사에 투자했다. 블록체인 산업 전반에 투자하는 DCG는 게임, 네트워크, 결제, 송금, 보안 등 여러 분야에 걸쳐 있다. DCG가 다양한 프로젝트와 기업 등에 투자하면 연관 암호화폐 가격이 크게 오르는 등 막대한 영향력을 갖고 있다. 또한 그레이스케일은 비트코인과 이더리움 등 수십 종의 대표적 암호화폐에 집중 투자했다. 2022년 초 기준 그레이스케일의 총 운용자산(AUM) 규모는 약 404억 달러(약 50조 원)에 달하는 것으로 알려져 있다.

DCG는 블록체인 기업에 전략적으로 투자를 진행하며 생태계 내 거대한 투자 포트폴리오를 구축하고 있다. 일반적인 스타트업 투자와 유사하게 초기 블록체인 기업에 자본을 제공하고, 기업 및 암호화폐

╌╌▷ 그레이스케일 투자 포트폴리오(2021년 1월 7일 기준). 비트코인, 이더리움 등의 대표 암호화폐에 집중 투자하고 있다.

GRAYSCALE

GRAYSCALE® DIGITAL LARGE CAP FUND COMPOSITION

	ASSET		07/01/2021 WEIGHT
₿	Bitcoin	BTC	67.47%
◆	Ethereum	ETH	25.39%
⬡	Cardano	ADA	4.26%
₿	Bitcoin Cash	BCH	1.03%
Ł	Litecoin	LTC	0.99%
⬡	Chainlink	LINK	0.86%

의 성장을 기반으로 수익을 올린다. DCG는 각종 암호화폐와 FTX와 같은 암호화폐 거래소, 트레이딩 플랫폼, 디지털 자산 지갑 등 블록체인 관련 기업에 폭넓게 투자한다.

DCG는 비트코인 투자 펀드로 잘 알려져 있는데, 개별 암호화폐 투자뿐만 아니라 ETF도 운용한다. 그레이스케일의 '금융의 미래(Future of Finance) ETF'는 금융 산업을 발전시키는 회사와 기술 모두에 중점을 둔다. 주로 세 가지 사항을 고려하는데 금융 재단(Financial Foundations), 기술 솔루션(Technology Solutions), 디지털 자산 인프라(Digital Asset Infrastructure)가 그것이다.

┈> 그레이스케일은 비트코인 현물 ETF 승인을 추진하는 중이지만 현재까지는 미국 증권거래위원회가 이를 반려했다. 향후 비트코인 현물 ETF 상품이 승인되면 그레이스케일의 방향성과 암호화폐 시장에 큰 영향을 줄 것이다.

DCG는 그레이스케일 인베스트먼트를 통해 암호화폐에 투자한다. 2013년에 설립된 최초의 비트코인 투자 펀드인 그레이스케일은 현재 세계 최대 디지털 자산 운용사 중 하나로 꼽힌다. 많은 암호화폐 투자자가 그레이스케일의 포트폴리오를 참고할 정도로 이들의 포트폴리오는 많은 관심을 받는다.

그레이스케일은 비트코인 현물 ETF 출시를 추진하며 미국 증권거래 위원회의 승인을 요청했다. 하지만 미국 증권거래위원회는 시세조작 우려를 이유로 이를 계속 반려했다. 현재 비트코인 등 다양한 암호화폐 현물이 전 세계 수백 곳 이상의 거래소에서 각기 다른 가격으로 거래된다는 점이 문제가 됐다.

그럼에도 그레이스케일이 암호화폐 직접 투자 외에 비트코인 현물 ETF 승인을 계속 추진하는 이유는, 비트코인의 가치 인정과 더불어 제도권 금융으로의 편입을 희망하기 때문이다. 따라서 비트코인 현물 ETF의 승인은 그레이스케일의 향후 방향성에 큰 영향을 끼칠 것이다.

그레이스케일의 투자 방향을 잘 살펴보면 성장하는 블록체인 기업을 골라낼 수 있다. 하지만 이들의 포트폴리오가 항상 성공하는 것은 아니기 때문에 투자에 유의해야 한다.

한눈에 정리하는 웹 3.0

엔비디아 :
그래픽 반도체가 블록체인 확대에 핵심적인 역할을 할 것으로 보인다. 인공지능과 블록체인이라는 두 핵심기술에 꼭 필요한 하드웨어와 소프트웨어를 함께 제공해 경쟁력이 있다.

유니티 테크놀로지스 :
수준 높은 퀄리티의 그래픽을 구현해 내는 3D 게임 엔진 전문 기업이다. 개발을 위한 각종 리소스와 툴을 공유하는 생태계를 구축해 개방형 오픈소스를 지향하고 있다.

제페토 :
기존 플랫폼과 차별화된 크리에이터 이코노미를 구축했다. 향후 게임 등 다양한 산업과 결합해 크리에이트 투 언(C2E) 모델을 더욱 확장할 것이다.

유튜브 :
세계 1위 영상 서비스 기업으로 공고한 크리에이터 중심 생태계를 갖고 있다. 메타버스, 블록체인, NFT 등 웹 3.0 요소로 생태계를 확장할 계획이다.

블록 :
사용자가 쉽게 접근해 사용할 수 있는 블록체인 금융 환경을 만들고자 한다. 탈중앙화 거래소 설립도 계획 중이다.

서클 :
블록체인 및 암호화폐 결제 시장에서 두각을 나타내고 있으며, 스테이블 코인 USDC의 높은 활용도로 성장이 기대된다.

MS블리자드 :
메타버스 시장을 위해 콘텐츠를 확보하고, 클라우드 게임을 강화하고 있다. 혼합현실을 활용한 게임을 지향하며 깃허브 인수로 개방성을 향해 나아가고 있다.

EA :
NFT와 블록체인에 주목하며 변화를 꾀하고 있다. 팬덤이 탄탄한 게임들을 보유하고 있어 향후 메타버스 시장에서의 활약도 기대된다.

코인베이스 :
미국 증시에 최초로 상장한 암호화폐 기업이다. 다양한 방식의 결제와 투자가 가능한 금융 플랫폼을 만들겠다는 목표가 있다.

FTX :
폭넓은 암호화폐 서비스를 제공하며 빠르게 성장하고 있다. 거래 수수료 중심의 매출 구조에서 벗어나 다양한 사업 분야로의 다각화를 위해 노력 중이다.

애니모카 브랜드 :
게임 소프트웨어 및 블록체인 벤처캐피털 기업이다. 디지털 자산의 '소유'라는 가치에 주목하며 분산투자로 포트폴리오를 관리하고 있다.

그레이스케일 :
세계 최대 디지털 자산 운용사 중 하나로, 암호화폐 포트폴리오의 영향력이 막대하다. 비트코인 현물 ETF 승인을 추진하고 있다.

WEB 3.0
REVOLUTION

웹 3.0과 함께 발전할
6가지 기술

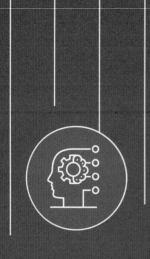

블록체인,
웹 3.0시대
디지털 경제의 중심

블록체인은 웹 3.0에서 구현될 새로운 '경제'의 기반 기술이다. 블록체인이 없다면 디파이나 NFT와 같은 새로운 디지털 금융과 자산의 등장은 불가능하다. 웹 3.0에 구축될 디지털 경제 체제 자체가 완성될 수 없는 것이다.

새로운 웹 시대의 등장은 IT 기술의 발전으로 이루어진다. 과거 웹 1.0 시대부터 현재의 웹 2.0, 다가온 웹 3.0 시대로의 전환은 모두 IT 기술이 눈부시게 발전한 결과다. 모바일 기술과 클라우드, 인공지능 등이 실생활에 쓰이면서 웹 2.0 시대는 큰 발전을 이뤄냈다. 이제 블록체인과 API, 가상현실 등의 기술이 웹 3.0 시대의 문을 활짝 열고 있다. 앞으로는 어떤 IT 기술이 중요해지며 우리를 어떻게 웹 3.0 시대로 이끌고 갈지 구체적으로 살펴보도록 하자.

왜 블록체인이 중요한가?

블록체인Block Chain은 웹 3.0에서 구현될 새로운 '경제'의 기반 기술이다. 블록체인이 없다면 디파이나 NFT와 같은 새로운 디지털 금융과 자산의 등장은 불가능하다. 웹 3.0에 구축될 디지털 경제체제 자체가 완성될 수 없는 것이다.

블록체인은 '네트워크에 참여하는 모든 사용자가 모든 거래 내역 등의 데이터를 분산 및 저장하는 기술'이다. 사용자가 생산하는 모든 데이터는 '블록Block'이라는 형태로 저장되는데, 이 블록이 꼬리에 꼬리를 물고 연결되어 있어 조작이 불가능하다. 데이터는 누구도 임의로 수정할 수 없고, 투명하게 공개되어 누구나 열람할 수 있다.

블록체인 위에 소프트웨어로 구현된 스마트 콘트랙트(자동 계약 방식)에 의해 중개자 없이도 사용자 간 거래가 가능해졌다. 이전처럼 중개자가 데이터를 중앙화된 시스템에 보관하는 게 아니라 데이터를 분산해 저장하기 때문이다.

　이때 블록체인도 종류가 나뉘는데, 누구나 블록체인에 참여할 수 있는 '퍼블릭 블록체인'과 허가된 특정인만 참여 가능한 '프라이빗 블록체인'이 있다. 대중적으로 이야기하는 비트코인, 이더리움, 솔라나와 같은 블록체인은 퍼블릭 블록체인이다.

　기술적인 측면에서 블록체인의 확장성, 속도 등에 대한 지적이 많다. 블록체인은 기존 데이터 저장 방식보다 느리고 비효율적이라는 것이다. 실제로 초당 데이터를 처리할 수 있는 속도(TPS)는 결코 빠르다 할 수 없다. 하지만 이러한 단점을 보완하기 위해 지난 몇 년간 많은 블록체인 기업이 관련 기술을 개발해왔다. 블록체인을 효율적으로

┈┈> 블록체인은 생산하는 모든 데이터를 블록에 저장해 연결하기 때문에 조작이 불가능하다.

사용하고 속도를 높이기 위해 데이터를 병렬로 처리하거나, 필요한 데이터만 별도의 블록체인 네트워크에서 처리하고 요약한 정보를 주요 블록체인에 담는 기술 등이 나왔다.

투명성과 분산화, 조작 불가능과 같은 블록체인의 본질적 특성은 계속 유지된다. 따라서 웹 3.0의 블록체인은 다음 질문에 대한 해답을 찾아야 한다. '어떻게 하면 더욱 효율적으로 블록체인을 사용할 수 있을까?'

블록체인을 효율적으로 사용하는 법

블록체인의 최대 단점인 느린 속도와 비효율성은 현재 여러 블록체인 프로젝트에서 관련 기술을 개발하고 있다. 사이드 체인과 같이 메인 블록체인 옆에 별도의 체인을 만들어 데이터를 처리하는 방식이 대표적이다.

메인 선로에 큰 기차가 달리고 있다. 이 기차는 모든 짐을 싣고 달리기에는 속도가 너무 느리다. 그리고 기차 안에는 짐을 분류해야 하는 작업이 있다. 이때 바로 옆에 속도가 빠른 작은 기차가 함께 달린다. 간이역에 정차했을 때 메인 선로의 기차에서 작은 기차로 일부 짐을 옮겨 싣는다. 다시 출발한 후 작은 기차는 빠르게 짐을 분류하고 그 내역을 큰 기차에게 알려준다. 다음 역에서 작은 기차는 분류가 끝난 짐을 큰 기차에 옮겨 싣는다. 아니면 계속 짐을 싣고 달린다.

기차의 예시로 설명한 사이드 체인처럼 메인 블록체인의 느린 속도를 보완할 기술들이 개발되고 있고 점차 그 쓰임새를 넓혀가는 중이다. 가장 많이 쓰이는 블록체인인 이더리움은 수수료가 비싸다. 이더리움을 사용하고 싶어 하는 사람이 많아 한 기차에 짐을 꾸역꾸역 넣고 달리고 있기 때문이다. 몇몇 사람은 자신의 짐을 먼저 처리해달라고 요구하며 더 많은 수수료를 낸다. 이렇게 짐이 많을 때는 우선순위로 배정받기 위한 수수료가 계속 높아진다.

이때 적은 수수료로 빠르게 짐을 처리하는 작은 기차가 있다. 이런 작은 기차로는 폴리곤Polygon, 옵티미즘Optimism, 아비트럼Arbitrum 등이 있다. 느리고 큰 기차인 이더리움은 레이어1이라 하고 작고 빠른 기차는 레이어2라 한다. 이러한 레이어2 기술이 블록체인의 확장성과 속

┈┈▷ 블록체인의 느린 속도와 비효율성을 해결하기 위해 사이드 체인을 사용하는 방식이 개발되고 있다.

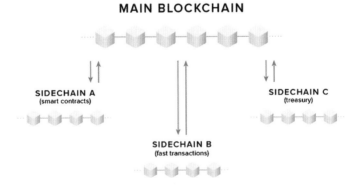

도 개선에 앞장서고 있다. 앞으로는 레이어2 기술이 레이어1인 이더리움의 문제를 해결하거나, 아니면 아예 빠른 속도와 확장성을 장점으로 내세운 레이어1이 나올 수도 있다.

　블록체인은 대중 가까이로 다가가기 위해 '효율성' 개선과 더불어 '사용자 접근성'이 높은 구조를 개발할 것이다. 블록체인 사용에 필요한 디지털 지갑을 생성하는 방법이나 자산을 전송하는 절차, 보안 키 보관 및 분실 대처 방법 등 여러 부분에서 사용자 친화적 구조가 만들어져야 한다. 또한, 지속적으로 발생하는 해킹이나 보안 이슈에 대해서도 더 나은 해결책을 제시할 필요가 있다.
　웹 3.0에서 블록체인이 차지하는 지분은 굉장히 크다. 따라서 단순히 암호화폐 가격의 움직임이나 국가 규제 등의 이슈만 바라보는 것으로는 부족하다. 진정한 웹 3.0을 이해하는 것은 블록체인 기술 자체의 발전 내용을 확인하는 것에서 출발한다.

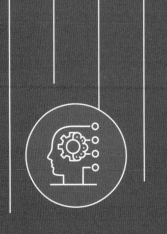

API,
모든 기술의
연결고리

API는 단순한 기술이 아니라 전략적으로 중요한 개념이다. 통신을 표준화하고 서비스 간 연결과 공유가 가능하도록 하기 때문이다. API를 어떻게 활용하는지에 따라 각 서비스와 기업, 나아가 웹 3.0전체의 가치가 달라질 수 있다.

상호운용성으로 웹의 진화를 주도하는 API

API(Application Programming Interface), 즉 응용 프로그래밍 인터페이스라는 개념이 등장한 이래로 API는 웹의 진화를 주도해왔다. 개별 시스템 간의 신속한 통신을 가능하게 하는 API는 여러 서비스와 기술을 연결하고 통합하는 중추적인 역할을 한다. API는 '상호운용성'을 만들고 개선해 새로운 비즈니스 모델과 서비스를 탄생시킬 수 있는 'API 이코노미'를 구축했다.

예를 들어 세계적인 공유 차량 서비스인 우버Uber는 자체 지도를 사용하지 않는다. 구글에서 제공하는 구글 맵의 API를 활용한다. 또한 많은 국내 배달 서비스 앱 역시 네이버나 카카오에서 제공하는 지도의 API를 활용한다. 지하철 정류장 앱 속 실시간 운행 정보나 역 정보 역시 API로 가져온다. API는 서로 다른 시스템과 솔루션을 연결해 추가적인 노력이나 비용이 발생하지 않도록 만든다. API를 활용한 경제에서는 효율적인 개발과 서비스의 탄생이 가능하다. 그래서 디지털 세상, 특히 웹 3.0에서 API의 역할은 매우 중요하다.

우리는 이미 API의 도움을 톡톡히 받고 있다. API는 웹의 장점을 최대한 활용할 수 있는 방법이다. 여러 웹 브라우저는 물론, 안드로이드나 iOS같은 모바일 애플리케이션과의 통신에도 대응할 수 있다. API는 웹 1.0 시대에서 웹 2.0으로 전환되던 시기에 점차 사용되기 시작했다. 웹 1.0에서는 다른 서비스와의 연결이 불가능했지만, 웹 2.0에서 API를 통해 비로소 서로 다른 서비스와 기술이 연결되었다. 클라우드 컴퓨팅 기술의 발전으로 API가 개발자만의 전유물을 넘어선 것이다. 지금은 API를 활용해 누구나 연결할 수 있는 기술과 서비스가 많이 나와 있다.

이러한 움직임의 사례로 '헤드리스 커머스Headless Commerce'를 꼽을 수 있다. 헤드리스 커머스는 쇼핑몰이나 이커머스 분야에서 프론트엔드(사용자가 주문하는 화면 영역)와 백엔드(사용자에겐 보이지 않는 실제 주문을 처리하는 서버 영역)가 분리된 개발 환경을 의미한다.[33] 프론트엔드를 머리, 백엔드를 몸통으로 비유한 개념인데 몸통은 고정한 채로 머리만 원하는 형태로 바꾸면서 고객에게 유연한 쇼핑 환경을 제공할 수 있다.

헤드리스 커머스에서 프론트엔드와 백엔드를 연결하는 매개체가 API다. 예를 들어 고객이 상품을 검색하고 장바구니에 담아 즉시 결

⋯⋯〉 헤드리스 커머스는 프론트 엔드와 백엔드를 분리해 고객에게 유연한 쇼핑 환경을 제공한다.

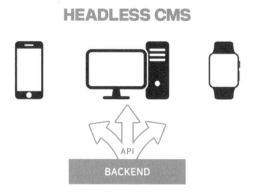

제 버튼을 눌렀다면 프론트엔드에서 백엔드에게 API를 통해 주문 상황을 전달한다. 백엔드는 결제와 배송을 위한 처리를 진행하고 다시 API를 통해 상태를 프론트엔드로 전달한다. 프론트엔드는 상황에 따라 화면이 자주 바뀌며 디자인이 중요하다. 백엔드는 이러한 변화에 맞춰 대응해야 한다. 이때 필요할 때마다 상황에 맞는 API를 만들어 변경한다. 프론트엔드의 화면은 바뀌지만 백엔드는 새로 개발할 필요가 없는 것이다.

이런 방식을 사용하면 고객에 따라 추천 화면이 다양하게 제공되고 새로운 서비스를 사용하는 것 같은 느낌을 줄 수 있다. 이때 프론트엔드를 개발자가 직접 일일이 수정하는 것이 아니라 마케터나 기획자가 선택하고 그 내용을 API를 통해 백엔드에 전달한다. 이처럼 기업 내부 업무 처리 과정에서 API는 중요한 역할을 한다. 그리고 이는 결국 기업 전체의 수익성을 높인다.

웹 3.0 시대 API의 활약

현재 웹 2.0에서는 특정 API가 이를 사용하는 사람들의 데이터를 수집한다. 예를 들어 구글 맵은 해당 API를 사용하는 서비스로부터 데이터를 수집하고 다른 용도로 활용할 수 있다. 구글뿐만 아니라 메타, 아마존, 애플과 같은 거대 IT 기업은 API를 통해 수백, 수천만 달러의 매출을 올린다.

그렇다면 웹 3.0에서 API는 어떻게 다르게 활용될 수 있을까? 블록체인에 구축된 웹 3.0은 데이터의 투명성, 공유, 소유권 등을 핵심 기치로 삼는다. API는 이런 블록체인의 가치에 가장 잘 어울리는 기술이다. 여러 블록체인을 연결함으로써 블록체인에서 탄생한 데이터를 다른 사용자와 서비스에게로 전달할 수 있기 때문이다.

현재 서로 다른 블록체인 네트워크 간의 직접적인 통신은 다소 제한적이다. 예를 들어 이더리움과 같은 퍼블릭 블록체인에서 디지털 자산을 생성하면 프라이빗 목적으로 사용하는 하이퍼레저^{Hyperledger} 블록체인으로 전달이 불가능하다. 하지만 기술적으로 다른 네트워크를

⋯⋙ API는 운영체제와 응용 프로그램 사이를 연결하는 기술로 상호운용성을 바탕으로 웹의 진화를 주도하고 있다.

연결하는 것이 아예 불가능한 것은 아니다. API를 활용하면 한 서비스에서 다양한 블록체인 네트워크를 운영하고 여러 암호화폐를 지원할 수 있다.

API는 단순한 기술이 아니라 전략적으로 중요한 개념이다. 통신을 표준화하고 서비스 간 연결과 공유가 가능하도록 하기 때문이다. API를 어떻게 활용하는지에 따라 각 서비스와 기업, 나아가 웹 3.0 전체의 가치가 달라질 수 있다. 따라서 우리는 웹 3.0에서 API가 어떻게 쓰이고 어떤 가치를 만들어내는지에 주목해야 할 것이다.

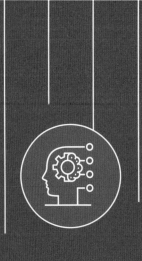

인공지능,
더욱 사람 같이 변하는
기계의 지능

진정한 웹 3.0시대를 위해서는 인공지능이 지금보다 더 발전해야 한다. 이를 위해 인공지능은 더 많은 데이터를 학습할 것이다. 더 똑똑해진 인공지능은 앞으로 초거대 인공지능, 하이퍼스케일 인공지능 형태로 발전할 전망이다.

기계가 인간처럼 행동하는 지능형 웹
....

인공지능(AI, Artificial Intelligence)은 '시스템 혹은 기계로부터 만들어진 지능'으로 간단히 정의할 수 있다. 인간의 학습능력, 판단력, 지각능력 등을 컴퓨터 프로그램과 하드웨어를 활용해 만들어낸 것이다. 인공지능은 이미 우리 삶에 깊숙이 들어와 있다. 많은 인터넷, 모바일 서비스가 이미 인공지능으로 콘텐츠를 추천한다.

아마존과 쿠팡 같은 이커머스 서비스는 구매 이력을 분석해 고객이 원하는 상품을 인공지능으로 추천한다. 넷플릭스나 왓챠 같은 영상 서비스, 멜론과 스포티파이Spotify 등 음악 서비스도 사용자의 취향을 분석해 콘텐츠를 추천한다. 인공지능 스피커는 일정과 날씨를 알려주고, 질병을 관리하고 진단하는 인공지능도 있다. 자율주행 역시 인공지능이 없으면 불가능하다. 자연어 처리를 통한 번역과 통역에까지 인공지능이 쓰인다. 기업에서도 데이터 분석, 고객 및 생산 현장 관리 등 다양한 곳에서 인공지능을 활용한다. 그야말로 거의 모든 분야에서 쓰이고 있는 것이다.

웹의 창시자인 팀 버너스 리가 정의한 웹 3.0은 '기계가 인간처럼 행동하는 웹'으로 일명 '지능형 웹'이다. 따라서 인간이 일일이 명령하지 않아도 알아서 작동하는 웹은 웹 3.0으로 볼 수 있다. 다만 지금의 웹은 완전한 지능형 웹이라고 할 수 없다. 여진히 많은 부분에서 사람이 직접 명령하거나 개입해 중개자 역할을 맡아야 하기 때문이다.

진정한 웹 3.0 시대를 위해서는 인공지능이 지금보다 더 발전해야 한다. 예를 들어 중개자가 없는 P2P 형태 서비스의 경우 사람이 없기 때문에 인공지능이 더 많은 역할을 수행해야 한다. 프로그래밍된 스마트 콘트랙트가 중개자 역할을 대신하긴 하지만, 인공지능은 사용자 간 거래와 계약 행위에 대한 데이터를 학습해 스스로 더 나은 중개자가 돼야 한다.

하이퍼스케일 인공지능이 다가온다

이미 뛰어난 성능의 인공지능이 있고 우리가 실제로 활용하고 있지만, 아직 인간의 지능을 대체하기에는 부족하다. 이를 위해 인공지능은 더 많은 데이터를 학습해야 한다. 더 똑똑해진 인공지능은 앞으로 초거대 인공지능, 하이퍼스케일 HyperScale 인공지능 형태로 발전할 전망이다.

인공지능은 기본적으로 많은 데이터와 컴퓨팅 파워를 사용하는 모델이다. 하지만 하이퍼스케일 인공지능은 여기서 한 단계 더 나아가 기존 인공지능의 수백, 수천 배에 이르는 규모를 자랑한다. 하이퍼스케일 인공지능의 대표적인 사례는 오픈AI OpenAI가 개발한 'GPT(Generative Pre-Training)' 모델이다. 3,000억 개에 달하는 데이터 세트, 570기가바이트의 텍스트와 대량의 파라미터(매개변수)로 만들어진 GPT-3는 사람과 채팅을 하거나 스스로 문장을 만들어낸다.[34]

구글, 마이크로소프트 등 많은 IT 기업이 거대 규모의 인공지능 구현에 집중하고 있다. 구글은 인간의 언어를 더 잘 분석하고 이해할 수

···> 국내 기업들도 하이퍼스케일 인공지능을 활발히 연구하고 개발 중이다.

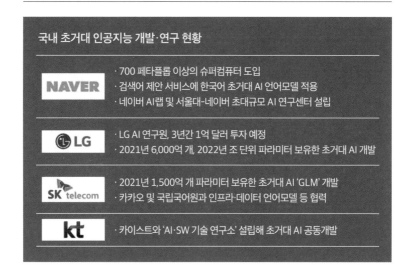

출처. "한국어 '초거대 AI' 만든 네이버… "수천억 투자" LG도 뛰어들었다, 〈머니투데이〉, 2021.05.24.

있는 딥러닝 알고리즘을 개발한다. 구글이 개발 중인 모델은 75개 이상의 언어로 학습해 기존 모델에 비해 수백 배 이상의 강력한 성능을 자랑한다. 또한 이 모델은 문장만 이해하는 것이 아니라 비디오, 사진 등 다양한 형식의 정보를 동시에 이해할 수 있다.

이러한 인공지능은 단순한 질문이 아닌 여러 의미가 담겨 있는 복잡한 질문도 이해한다. 예를 들어 "지난 여름휴가에 하늘색 원피스를 입었는데, 이번 여름휴가는 검은색 원피스를 입어도 될까?"와 같은 질문을 검색하면 '여름휴가에 맞는 의상', '계절에 적합한 원피스', '원피스 의류 스타일'과 같이 여러 구조를 이해하고 정보를 찾아 이에 맞는 대답을 한다.

6장 웹 3.0과 함께 발전할 6가지 기술

웹 3.0 시대에는 지금보다 사람에 더 가까운 인공지능이 더욱 진보한 서비스를 제공할 것이다. 예를 들어, 메타버스 게임에서 NPC(Non Player Character)에게 복잡한 질문을 하면 마치 사람처럼 대답해 게임의 재미를 높일 수 있을 것이다. 게임 속 아바타나 정교하게 제작된 딥페이크^{DeepFake} 영상은 인공지능으로 인해 더욱 사람같이 행동하고 사람의 모습처럼 보일 것이다. 암호화폐를 다른 암호화폐로 교환할 때 인공지능이 전 세계 모든 서비스를 빠르게 검색하고 가장 저렴한 수수료를 주는 플랫폼을 제안할 수도 있다. 웹 3.0에서는 웹이 마치 사람처럼 행동하며 사용자와 커뮤니케이션한다.

⋯⋗ 기계가 인간처럼 행동하는 인공지능은 웹 3.0 시대에 더욱 발전할 전망이다. 중개자가 없는 지능형 웹에서는 인공지능이 더 많은 역할을 수행해야 한다.

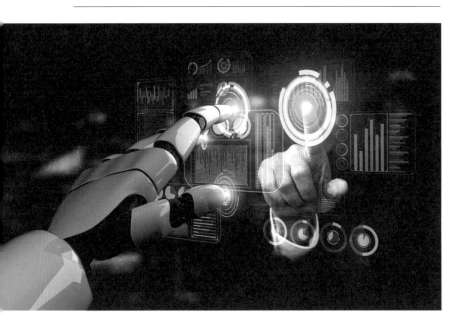

언뜻 생각하면 그런 세상은 다가오지 않을 먼 미래의 일인 것 같지만, 하이퍼스케일 인공지능으로 구현된 기능은 아직 대중적으로 공개되거나 기업이 활용하지 않았을 뿐 이미 일정 수준에 도달한 상태다. 인공지능은 웹 2.0 시대에 큰 발전을 이뤘다. 하지만 웹 3.0 시대의 인공지능은 웹 2.0 때보다 더욱 빠르게 진화할 것이다.

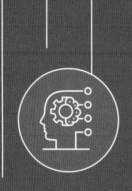

가상현실(VR)과
증강현실(AR),
메타버스의 첫 단추

웹 3.0에서 가상현실과 증강현실은 새로운 사용자 경험을 제공하는 역할을 한다. VR 기기를 착용하고 경험할 수도 있으며 지금처럼 스마트폰이나 컴퓨터에서 경험할 수도 있다. 중요한 사실은 가상현실과 증강현실은 사용자 간, 기업 간, 서비스 간 커뮤니케이션을 촉진하는 매개체가 된다는 점이다.

가상공간에서 만나는 새로운 삶

가상현실(VR, Virtual Reality)과 증강현실(AR, Augmented Reality)은 웹 3.0에서 빼놓을 수 없는 핵심 요소다. 둘은 모니터 속 웹 사이트에 평면적인 디지털 세상이 아닌, 입체적인 가상세계를 구현하기 위한 기술이다. '가상현실'은 배경과 환경, 사물이 모두 현실이 아닌 가상의 콘텐츠로 이루어져 있다. '증강현실'은 현실의 공간과 사물에 가상의 디지털 콘텐츠가 더해진다. 이를 혼합해 '혼합현실(MR, Mixed Reality)'이라고 부르기도 한다.

가상현실과 증강현실은 입체적인 메타버스를 구현하는 데 매우 중요한 역할을 한다. 메타버스가 반드시 VR 기기를 쓰고 가상현실을 체험하기 위해 만들어진 공간만은 아니다. 메타버스 공간은 노트북이나 스마트폰 같은 환경에서도 구현이 가능하다. 수준 높은 그래픽을 통해 가상현실 기술로 구현된 입체적인 가상공간을 경험할 수 있다. 메타버스는 진짜 현실과 같은 환경을 그대로 옮기기도 하고, 우주 속이나 만화 영화에 나오는 배경처럼 비현실적인 공간으로 설정하기도 한다.

사용자에게 사실적인 몰입형 경험을 제공하려면 높은 수준의 그래픽과 여러 환경이 뒷받침돼야 한다. 이러한 분야는 게임 개발과 많은 유사성이 있기 때문에 게임 엔진을 주요 개발 도구로 사용한다. 대표적으로 유니티와 언리얼 같은 게임 엔진이 가상현실을 만들고 있으며, 구글이나 애플, 마이크로소프트는 오래전부터 자체적으로 가상현실과 증강현실 개발을 진행하고 있다. 특히 구글과 애플은 각각 증강

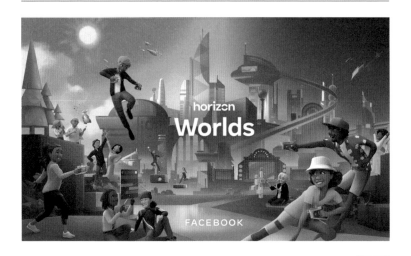

···> 메타(구 페이스북)의 소셜 VR 플랫폼 '호라이즌 월드Horizon Worlds'.

현실에 대한 자체 개발용 소프트웨어까지 갖고 있다.

과거에는 가상현실과 증강현실을 활용하려면 하드웨어나 기술적
인 어려움도 있었다. 그러나 요즘은 이러한 걸림돌도 점차 해소되고
있다. 최근 스마트폰에 다수의 카메라가 장착되는 이유도 가상현실
과 증강현실을 모바일에서 구현하기 위해서다. 또한 5G 네트워크 시
대로 접어들면서 스마트폰에서 많은 양의 데이터를 빠르게 처리할 수
있게 된 것도 연관이 있다. 관련 데이터의 전송과 빠른 이미지 구현이
가능해지며 이제는 기업들이 가상현실과 증강현실을 활용할 수 있는
환경이 갖춰진 셈이다.

웹 3.0에서 가상현실과 증강현실은 새로운 사용자 경험을 제공하

는 역할을 한다. VR 기기를 착용하고 경험할 수도 있으며 지금처럼 스마트폰이나 컴퓨터에서 경험할 수도 있다. 중요한 사실은 가상현실과 증강현실은 사용자 간, 기업 간, 서비스 간 커뮤니케이션을 촉진하는 매개체가 된다는 점이다.

　가상현실로 만들어진 가상공간에서 사람이 만나면 물리적 거리에서 오는 제약이 없어 커뮤니케이션에 드는 비용을 줄일 수 있다. 은행에 가지 않아도 가상공간에서 탈중앙화 금융 서비스를 사용하고, 인공지능 상담원을 통해 상담하는 모습은 웹 3.0에서만 구현할 수 있는 세상이다. 앞으로 웹 3.0에서 제작될 수많은 콘텐츠와 디지털 자산은 가상현실과 증강현실 기술의 발전에 따라 그래픽이나 품질 수준이 더욱 높아질 것으로 기대된다.

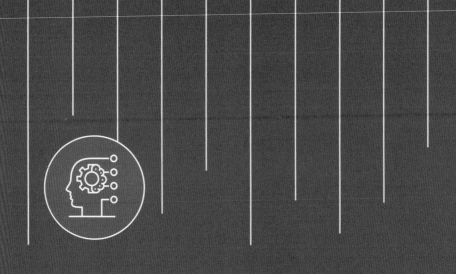

클라우드와 IPFS,
데이터 저장 방식의
혁신

클라우드는 웹 2.0 시대에 빠르게 성장했다. 웹 3.0 시대에는 다양한 데이터 저장 방식이 도입되어 쓰임새가 더욱 확대될 것으로 보인다. 웹 3.0의 클라우드는 웹 1.0의 특징인 개방형 인터넷의 장점과 웹 2.0의 클라우드 애플리케이션 및 플랫폼의 장점을 결합한 형태로 발전할 것이다.

진화를 거듭하는 클라우드 시장

클라우드 스토리지Storage가 데이터를 저장하는 필수 기술로 자리를 굳히고 있다. 물론 아직 많은 기업이 직접 서버를 운영해 데이터를 저장하는 방식을 택하고 있기는 하다. 하지만 클라우드가 점차 기업의 자체 스토리지로부터 데이터를 가져오고 있다.

전 세계 클라우드 시장의 성장세가 엄청나다. 글로벌 리서치 기관 가트너Gartner의 퍼블릭 클라우드 시장 전망에 따르면 앞으로도 한동안 가파른 성장세를 유지할 것으로 보인다. 가트너는 모든 일반 사용자가 사용할 수 있는 퍼블릭 클라우드의 2022년 시장 규모가 4,820억 달러(약 590조 원)에 이를 것으로 전망했다.[35]

지난 10여 년간 클라우드 서비스 업계의 경쟁 양상은 '수평적 확장'의 형태로 나타났다. 예를 들어 아마존의 클라우드 사업인 '아마존 웹 서비스Amazon Web Services, AWS'는 기본 클라우드에 네트워크나 보안 도구, 데이터 관리 도구, 머신러닝, 블록체인 등 다양한 기능과 서비스를 더하며 발전해왔다. 그러나 클라우드 시장의 경쟁은 이제 '수직적 확장'으로 변화하고 있다. 산업 혹은 서비스별로 특화된 기능을 제공하면서 특정 영역을 집중 공략하는 것이다. 아직도 자체 서버를 운영하는 기업이 많기 때문에 클라우드 시장은 충분히 성장 가능성이 있다.

클라우드는 웹 2.0 시대에 빠르게 성장했다. 웹 3.0 시대에는 다양한 데이터 저장 방식이 도입되어 쓰임새가 더욱 확대될 것으로 보인다. 웹 3.0의 데이터 저장은 현재 가장 많이 사용하는 웹 2.0 아키텍처

⋯⋯▷ 가트너는 클라우드 시장의 규모와 수익이 가파르게 상승할 것으로 예상했다.

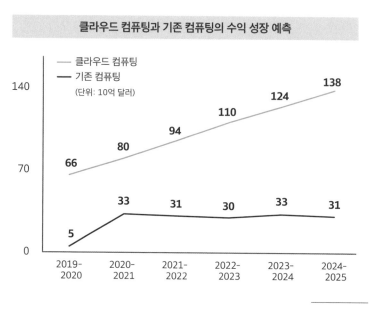

클라우드 컴퓨팅과 기존 컴퓨팅의 수익 성장 예측

출처_자료: Gartner

인 클라우드가 진화한 형태다. 웹 3.0의 클라우드는 웹 1.0의 특징인 개방형 인터넷의 장점과 웹 2.0의 클라우드 애플리케이션 및 플랫폼의 장점을 결합한 형태로 발전할 것이다.

현재의 클라우드는 기업이 자체 서버를 운영하지 않아도 데이터를 저장하고 분석할 수 있는 환경을 제공한다. 그러나 데이터를 저장하는 공간이 나뉘어 있는 것이지, 데이터 자체가 분산되어 보관되는 것은 아니다. 앞으로는 웹 3.0의 핵심에 따라 분산형 데이터 저장 방식인 'IPFS'가 각광받을 것이다.

분산형 데이터 저장 방식 IPFS의 시대

IPFS(InterPlanetary File System)는 분산형 파일 시스템에 데이터를 저장하고 인터넷으로 공유하기 위한 프로토콜이다.[36] IPFS는 사용자가 업로드한 파일을 나누는 특징이 있다. 예를 들어 사용자가 IPFS에 파일을 올리면 해당 파일은 작은 단위로 쪼개져 전 세계 IPFS 저장소에 나뉘어 보관된다.

IPFS는 모든 사람이 자유롭게 데이터를 분산 저장할 수 있게 하는 파일 공유 네트워크이자 오픈소스 기반의 웹 3.0 데이터 시스템이다. IPFS를 토대로 구축된 스토리지는 중앙화 솔루션을 사용하지 않기 때문에 검열저항성(어떠한 것도 검열하지 않는다는 의미)이 더욱 높다는 특징이 있다. IPFS는 탈중앙화 스토리지의 특성상 중개자나 특정

⋯⋯▷ 중앙화 시스템은 서버에 데이터를 저장하지만 분산형 파일 시스템인 IPFS는 데이터를 작은 단위로 나눠 전 세계 IPFS 저장소에 보관한다.

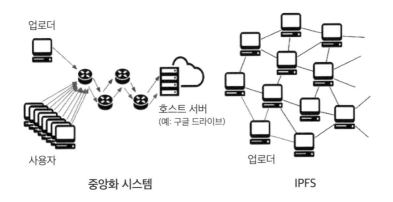

⋯⋗ IPFS는 분산형 파일 시스템에 데이터를 저장하고 인터넷으로 공유하기 위한 프로토콜이다. 탈 중앙화되어 있어 검열저항성이 높고 공격에 더욱 안전하다.

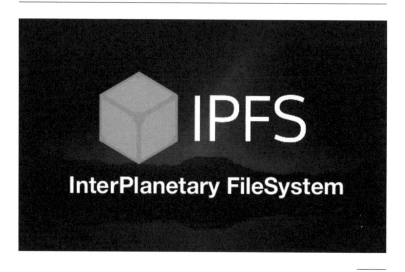

보관 주체가 없다. 따라서 사용자에게 데이터 소유권이 더욱 강하게 부여된다. 또한 데이터를 나눠서 보관하기 때문에 서버에 집중된 공격에 대응할 수 있다. 현재 웹 사이트가 다운되는 경우의 대부분은 중앙화 서버를 향한 디도스 공격 등이 원인인 경우가 많다. IPFS는 그런 문제로부터 더욱 안전하다.

IPFS는 현재의 웹 사이트나 클라우드 시스템처럼 매끄럽게 사용하는 게 쉽지는 않다. 다른 웹 3.0 서비스, 프로토콜과 마찬가지로 시간이 흐르며 많은 개선이 필요한 상황이다. 그러나 IPFS의 접근성을 높이려는 여러 시도가 활발히 일어나고 있다. 예를 들어 '언스타퍼블 도

메인 Unstoppable Domains'이라는 서비스는 IPFS로 저장된 데이터와 NFT 콘텐츠의 위치에 쉽게 접근할 수 있도록 간편한 URL을 제공하고 있다.[37] 현재 많은 브라우저에서 이를 지원하기 시작했다. 이처럼 IPFS가 앞으로 어떻게 발전할지, 과연 웹 3.0의 데이터 저장 시대를 이끌어갈 수 있을지 관심 있게 지켜볼 필요가 있다.

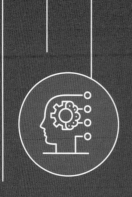

양자 컴퓨팅,
비교 불가한 속도의
데이터 처리 능력

많은 전문가들이 2030년 또는 그 이전에 양자 컴퓨팅이 웹 3.0과 메타버스에서 크게 발전할 것으로 예상한다. 양자 컴퓨팅은 아직 초기 단계에 있지만 웹 3.0전체의 발전을 가속하는 데 도움이 될 수 있다. 양자 컴퓨팅의 엄청난 데이터 처리 능력은 메타버스에서 몰입도 높은 사용자 경험을 제공할 것이다.

양자 컴퓨터가 여는 새로운 세상

···························

양자 컴퓨팅 혹은 퀀텀 컴퓨팅Quantum Computing이라 불리는 기술은 이
해하기 어려운 개념이다. 과연 우리가 일상을 살아가면서 양자 컴퓨
팅을 접할 일이 있을까 의문이 들 수 있다. 하지만 양자 컴퓨팅은 웹
3.0 시대에 지속적으로 발전할 기술이다. 적어도 양자 컴퓨터가 무엇
이고 앞으로 우리 삶에 어떤 변화를 가져올지 알아둘 필요가 있다.

양자 컴퓨팅의 핵심은 기존 슈퍼컴퓨터보다 훨씬 빠르게 많은 데
이터를 처리할 수 있다는 것이다. 어떤 원리로 데이터를 빠르게 처리

···> IBM이 만든 양자 컴퓨터. 기존의 슈퍼컴퓨터보다 훨씬 빠른 속도로 많은 데이터를 처리할
수 있다.

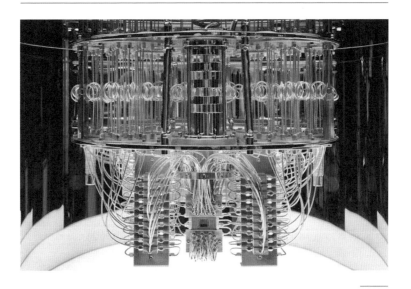

출처_IBM

할 수 있는 걸까? 기존 컴퓨터에서 쓰이는 데이터는 모두 0과 1로 이루어져 있다. 이 개념은 컴퓨터와 데이터의 탄생부터 이어져온 기본이다. 그러나 0과 1 둘만 존재하는 세상에 양자 컴퓨팅이 또 다른 존재를 데려왔다. 그것이 바로 0과 1이 조합된 존재인 '큐비트^{Qubit}'다. 이제부터는 0, 1, 큐비트 이렇게 셋이 존재하는 세상이 되었다. 0과 1만 활용해 데이터를 처리하는 일반 컴퓨터와 달리 양자 컴퓨터는 0과 1이 함께 공존하는 큐비트까지 처리할 수 있다. 큐비트라는 중첩된 존재 덕에 0과 1을 한꺼번에 처리하는 효과가 일어나 양자 컴퓨터의 데이터 처리 속도는 전과 비교할 수 없이 빨라졌다.

많은 전문가들이 2030년 또는 그 이전에 양자 컴퓨팅이 웹 3.0과 메타버스에서 크게 발전할 것으로 예상한다. 양자 컴퓨팅은 아직 초기 단계에 있지만 웹 3.0 전체의 발전을 가속하는 데 도움이 될 수 있다. 예를 들어 양자 컴퓨팅의 엄청난 데이터 처리 능력은 메타버스에서 몰입도 높은 사용자 경험을 제공할 수 있다. 실감나는 가상세계의 화면을 보여주려면 많은 양의 데이터를 처리해야 하는데 양자 컴퓨팅이 그 역할을 맡을 것이라는 의미다.

하지만 양자 컴퓨팅의 영향력에 대한 우려도 있다. 블록체인과 암호화폐는 과거에 도입된 공개키 암호화(PKE, Public Key Enabling) 방식을 사용한다. 기존 컴퓨터가 이 암호를 해독하는 데에는 오랜 시간이 필요하지만, 양자 컴퓨터는 이론적으로 10초 만에 가능하다. 양자 컴퓨터가 블록체인을 해킹할 수 있는 위협적 존재가 된다는 것이다.

물론 이러한 이유로 양자 컴퓨팅이 발전하면 블록체인이나 각종 암호화 기술이 무용지물이 된다는 의미는 아니다. 이미 많은 기업과 개발자들이 새로운 암호화 기술을 연구하고 있으며, 웹 3.0 시대에 양자 컴퓨팅 기반의 보안 방식을 선보일 가능성이 크다. 어떤 형태를 취하든 미래의 인터넷을 보호하기 위한 계획이 진행 중이다.

양자 컴퓨팅은 단지 빠른 계산과 데이터 처리를 위해 나온 기술이 아니다. 양자 컴퓨팅을 활용하면 여러 분야의 기술과 컴퓨터 성능을 획기적으로 끌어올릴 수 있고, 더 많은 데이터를 분석하고 보안을 강화하는 데 사용할 수 있다. 현재 구글, IBM 등 여러 기업이 양자 컴퓨팅을 개발하고 있지만 아직 대중화되기까지는 시간이 필요하다. 양자 컴퓨팅은 앞으로 10년 이상 웹 3.0 시대 속에서 발전할 것으로 보인다.

한눈에 정리하는 웹 3.0

블록체인 :

분산형 원장에 조작이 불가능한 데이터를 저장하는 기술인 블록체인은 웹 3.0 경제의 기반이다. 블록체인을 빠르고 효율적으로 사용하기 위해 계속해서 기술이 개발되고 있다.

API :

여러 서비스와 기술을 연결하고 통합하는 역할을 하는 API는 웹 3.0과 블록체인의 가치에 부합한다. API를 활용하면 한 서비스에서 다양한 블록체인 네트워크를 운영하고 여러 암호화폐를 지원할 수 있다.

인공지능 :

기계가 인간처럼 행동하는 지능형 웹은 거의 모든 분야의 산업에서 활용될 수 있다. 인공지능은 학습을 거듭하며 사람의 지능과 더욱 가까운 하이퍼스케일 인공지능으로 발전 중이다.

가상현실과 증강현실 :

입체적인 가상세계를 구현하는 기술인 가상현실과 증강현실은 메타버스의 핵심이다. 가상현실은 배경과 환경, 사물이 모두 가상의 콘텐츠로 이루어져 있으며, 증강현실은 현실의 공간과 사물에 가상의 디지털 콘텐츠가 더해진다. 가상현실과 증강현실은 물리적 거리의 제약을 뛰어넘으며 커뮤니케이션을 촉진하는 매개체가 된다. 두 기술은 앞으로 더욱 높은 그래픽 수준으로 새로운 사용자 경험을 제공할 것이다.

클라우드 :

클라우드는 기업이 자체 서버를 운영하지 않아도 데이터를 저장하고 분석할 수 있는 환경을 제공한다. 데이터 저장의 필수 기술로 자리를 굳히며 가파른 성장세를 보이고 있다. 산업이나 서비스별로 특화된 클라우드 서비스를 제공하는 기업들이 증가하는 추세다.

IPFS :

모든 사람이 자유롭게 데이터를 분산 저장할 수 있게 하는 파일 공유 네트워크이자 오픈소스 기반의 웹 3.0 데이터 시스템이다. 중앙화 솔루션을 사용하지 않기 때문에 검열저항성이 높고 사용자에게 데이터 소유권이 더욱 강하게 부여된다. 또한 디도스 공격 등으로부터 더욱 안전하다.

양자 컴퓨팅 :

양자 컴퓨터는 기존 슈퍼컴퓨터보다 훨씬 빠르게 많은 데이터를 처리할 수 있다. 발전한 데이터 처리 능력은 몰입도 높은 메타버스를 구현하는 데 사용되며 웹 3.0 전체의 발전을 가속화할 것이다.

WEB 3.0
REVOLUTION

7장

미래의 웹

웹 3.0을 향한
상반된 시선

웹 3.0을 바라보는 시선에는 의심과 지지가 공존한다. 하지만 웹 3.0에 더 많은
사람이 참여하며 지속적으로 관심을 갖고 기술 개발이 이루어진다면, 분명 세
상은 웹 2.1보다 훨씬 멀리 나아갈 것이다. 그때는 우리가 인식도 하기 전에 자
연스럽게 웹 3.0의 시대로 전환이 이루어질 것이다.

미래의 웹에 대한 의심과 지지

현재 웹 3.0을 둘러싼 가장 뜨겁고도 근본적인 논쟁은 '과연 정말 웹 3.0의 시대가 올 것인가'이다. 지금으로서는 세상 어느 누구도 웹 3.0의 미래 모습에 대해 확답할 수 없다. 물론 이더리움의 공동 창립자 개빈 우드나 앤드리슨 호로위츠의 공동 창업자 마크 앤드리슨 같은 웹 3.0 지지자들은 확신에 찬 미래를 제시한다. 웹 3.0을 긍정하는 사람들은 기술적으로 웹 3.0의 구현이 가능하고 이미 많은 프로젝트가 시작됐으며 그것이 변화를 주도하고 있다고 주장한다. 따라서 10년 뒤엔 웹 3.0이 진짜인지 실체를 증명할 수 있다고 생각한다.

반대로 블록의 CEO 잭 도시와 테슬라의 CEO 일론 머스크를 비롯한 여러 사람들은 웹 3.0을 회의적인 시각으로 바라본다. 웹 2.0 시대는 기업이 주체가 되어 플랫폼을 직접 운영했지만, 웹 3.0 시대는 그 개념에 따르면 분산화된 프로젝트나 기업이 주체가 된다. 반대론자들은 웹 3.0의 주체가 분산화로 인해 모호해지고 결국 제대로 비즈니스가 추진되기 어렵다고 생각한다.

웹 3.0에서 정말 개인이 돈을 벌고 성공할 수 있는지, 아니면 초기에 웹 3.0을 지지한 벤처캐피털 등의 거대 투자자만 돈을 벌 것인지도 논쟁거리다. 여기서 웹 3.0 반대론자인 일론 머스크와 잭 도시의 입장에 차이가 나기도 한다. 일론 머스크는 웹 3.0 자체를 부정적으로 보는 반면, 잭 도시는 특정 주체가 웹 3.0을 소유하고 돈을 벌어들이려고 한다는 점을 지적한다.

과연 웹 3.0은 온전히 3.0이 되지 못하고 웹 2.0에서 일부 개선된 웹 2.1 수준에 그치게 될까? 웹이 어디까지 나아갈지의 여부는 결국 대중의 수용에 달렸다. 웹 3.0의 기본 이념을 바탕으로 탄생한 서비스를 고객이 웹 2.0 못지않게 사용하는지에 달린 것이다.

⤙⤐ 웹 3.0에 대해 회의적인 입장을 표현한 일론 머스크와 잭 도시. 일론머스크는 웹 3.0은 실체가 없다고 주장했으며 잭 도시는 벤처캐피털이 웹 3.0의 이익을 모두 가져갈 것이라고 말했다.

Elon Musk ✔
@elonmusk

Has anyone seen web3? I can't find it.

11:06 am · 21 Dec 2021 · Twitter for iPhone

11.5K Retweets   **2,031** Quote Tweets   **159.1K** Likes

jack ⚡ ✔
@jack

You don't own "web3."

The VCs and their LPs do. It will never escape their incentives. It's ultimately a centralized entity with a different label.

Know what you're getting into...

12:51 PM · Dec 21, 2021 · Twitter for iPhone

7,364 Retweets   **3,229** Quote Tweets   **44.4K** Likes

출처_일론 머스크 트위터 계정 @elonmusk, 잭 도시 트위터 계정 @jack

웹 3.0은 결국 웹 2.1에 불과한가?

아직까지는 전체 인터넷 사용자 중 블록체인 기반 디지털 지갑을 소유한 사람의 비중이 미미하다. 그러나 웹 3.0 시대로의 전환을 알리는 핵심지표인 '디지털 지갑 수'는 계속 증가하고 있다. 몇 년 전과 비교하면 디지털 지갑의 사용성과 접근성도 개선되었다. 스마트폰이 등장했을 때도 처음부터 모두가 스마트폰을 구입해 사용하지는 않았다. 쓸 만한 앱이 하나둘 만들어지며 점차 모바일 생태계가 완성되었다.

웹 3.0의 현재 단계는 1995년 인터넷 초창기와 비슷하다고 볼 수 있다. 지금 세상은 기술, 사회, 경제, 문화 등 산업 전반에 걸쳐 변화와 개선의 열망으로 가득하다. 그 덕에 웹 3.0이 많은 관심을 받고 있는 것도 사실이다. 앞으로 몇 년간은 웹 3.0과 웹 2.0의 결합을 포함한 다양한 시도와 실패가 계속 일어날 것이다. 물론 그 과정에서 성공하는 회사, 돈을 버는 개인, 사라지는 서비스도 나올 것이다. 과거를 돌이켜 보면 웹 2.0 역시 IT 버블을 거치면서 수많은 의심과 어려움을 겪었다. 이때 다양한 실험과 실패가 이어지며 자연스레 웹 1.0에서 웹 2.0으로의 전환이 이뤄졌다. 이 전환기에 수많은 새로운 정의, 기술, 서비스가 선을 보이고 사라졌다. 이처럼 웹 3.0도 본격적인 전환이 일어나기 전 많은 실험과 실패가 등장할 것이다.

웹 3.0을 바라보는 시선에는 의심과 지지가 공존한다. 하지만 웹 3.0에 더 많은 사람이 참여하며 지속적으로 관심을 갖고 기술 개발이 이루어진다면, 분명 세상은 웹 2.1보다 훨씬 멀리 나아갈 것이다. 그때는 우리가 인식도 하기 전에 자연스럽게 웹 3.0의 시대가 될 것이다.

중앙화와
탈중앙화의
조화

탈중앙화와 중앙화의 대립에 매몰되면 정작 중요한 서비스와 기술의 발전은
더딜 수밖에 없다. 무엇이 중요한지, 무엇을 포기해야 하는지 결정해야 하는
순간은 앞으로 웹 3.0시대에 계속 찾아올 수밖에 없는 숙명과도 같을 것이다.

탈중앙화를 둘러싼 논쟁

웹 3.0에서 절대 빼놓을 수 없는 단어가 '탈중앙화' 혹은 '탈중앙성'이다. 누군가는 탈중앙화를 웹 3.0의 본질을 관통하는 핵심 가치로 내세우기도 하고, 누군가는 탈중앙의 개념을 들어 웹 3.0이 이상적이며 현실화될 수 없다고 비판하기도 한다. 도대체 '탈중앙화'가 무엇이고 얼마나 중요하기에 이렇게 논쟁적인 걸까?

탈중앙화는 누구에게도 통제받지 않고 중개자가 없는, 말 그대로 중앙에서 벗어난 상태를 이르는 말이다. 기술의 관점에서는 시스템이 독립적으로 운영되고 데이터가 분산된 상태가 이에 해당한다. 조직의 관점에서는 중앙의 관리 없이 사용자의 자율적인 참여와 기여가 있을 때 달성 가능하다. 하지만 이런 요건들이 갖춰지더라도 사용자가 탈중앙화를 선택한다는 보장은 없다. 모든 사람이 탈중앙화를 추구하는 것은 아니기 때문이다.

웹 3.0은 사용자, 즉 커뮤니티에 의해 움직인다. 웹 3.0의 핵심과 맹점이 모두 여기에 있다. 탈중앙 환경에서는 사용자가 자신의 행동을 스스로 책임져야 한다. 자율성과 소유권을 가지는 만큼 책임이 따르는 것이다. 하지만 인간은 이러한 책임을 온전히 짊어지고 싶어 하지 않는다.

따라서 진정한 탈중앙의 모습은 결국 중앙화와 탈중앙화가 공존하는 형태로 나타난다. 누군가가 탈중앙을 강요하면 그건 이미 그 시점에서 탈중앙화의 모습이 아니기 때문이다. 사람은 저마다 이해관계와 가치관이 다르기에 누군가는 중앙화를 지향하고 누군가는 탈중앙화를 지향할 수 있다. 그래서 웹 3.0 시대에는 중앙화된 서비스의 웹 2.0 기업과 탈중앙화된 서비스를 제공하는 웹 3.0 기업이 공존하게 될 것이다.

당신은 어떤 웹을 선택할 것인가?

웹 3.0이 반드시 탈중앙화된 서비스를 제공하고 탈중앙화된 집단으로 이루어져야 하는 것은 아니다. 사람들이 원하지 않는 탈중앙화를 강요하는 순간 웹 3.0은 결코 오지 않을 미래가 되어버린다. 누군가는 느리고 비효율적이지만 안전한 익명의 서비스를 원할 수 있다. 누군가는 자신의 데이터 소유권을 온전히 넘기고 빠르고 효율적인 서비스를 이용하고 싶을 수 있다. 웹 3.0이 탈중앙화 형태로 사용자에게 데이터 소유권을 돌려줄 수 있다고는 하지만, 이를 원하지 않는 사람은 선택할 권리가 있어야 한다.

디파이보다 전통적인 은행이 안전하다고 느끼는 사람에게 누가 무슨 권리로 탈중앙화 금융 서비스를 강요할 수 있을까? 실제로 탈중앙화 서비스지만 기존 중앙화 서비스만큼 안전하고 더 많은 이익을 주는 금융 서비스가 있다고 가정하자. 그렇다 해도 선택은 개인의 몫이다. 결국 사람들이 필요로 하면 탈중앙화 서비스를 더 많이 이용할 것이고 자연스레 웹 3.0에서 추구하는 방향으로 나아갈 수도 있다.

중앙화된 방식으로도 사용자가 소유권을 확보할 수 있는 환경이

만들어질 수 있고, 중개자 역할을 하는 누군가가 효율적으로 탈중앙화된 환경을 관리할 수도 있을 것이다. 중앙화 서비스가 사용자를 위해 최대한 탈중앙에 가까운 서비스를 별도로 제공할 수도 있다. 탈중앙화와 중앙화의 대립에 매몰되면 정작 중요한 서비스와 기술의 발전은 더딜 수밖에 없다. 무엇이 중요한지, 무엇을 포기해야 하는지 결정해야 하는 순간은 앞으로 웹 3.0 시대에 계속 찾아올 수밖에 없는 숙명과도 같을 것이다. 중요한 건 지금은 어느 누구도 정답을 말할 수 없는 시대이며, 정답은 기술과 시대의 흐름 속에서 사용자가 스스로 결정하면서 찾아가야 한다는 것이다. 기술은 어느 한쪽 편을 들지 않는다. 기술은 매우 중립적이기 때문이다. 웹 3.0의 기술이 탈중앙화와 중앙화를 결정해주지 않는다. 시대의 흐름은 결국 기술이 아닌 사용자의 결정에서 비롯된다.

웹 3.0이라는
디지털 골드러시

웹 3.0 시대에 동참하는 것은 자유로운 선택이다. 하지만 웹 3.0을 통해 부를
창출하고 개인의 커리어를 드높일 새로운 기회를 엿본 사람들은 미래를 위한
투자를 시작했다.

시대의 전환기에 기회를 발견하는 사람들

    몇몇 사람이 '웹 3.0'이라는 단어 자체에서 거부감을 느끼는 가장 큰 이유는 '블록체인'에서 비롯된 경우가 많다. 기술적인 관점에서 바라볼 때 블록체인에는 장점과 단점이 공존한다. 장점과 단점 중 어느 것이 더 큰가에 대한 질문은 정량적인 판단이 어려우므로 보류하겠다. 다만 기술을 떠나 블록체인을 돈벌이의 수단으로만 활용한 이들 때문에 사기와 해킹 등 부정적 문제가 많았던 것은 사실이다. 대중은 이런 사례를 보며 블록체인을 핵심으로 하는 웹 3.0에서 비슷한 문제가 생기지 않을까 우려할 수 있다.

    또한 이미 웹 2.0 안에서 충분히 편리함을 누리고 있는데, 웹 3.0이라는 새로운 구조와 탈중앙화 서비스가 등장한다고 하니 신선함보다는 불편함과 거부감이 먼저 들 수 있다. 인간은 무엇인가에 익숙해지면 벗어나기 어려워하고 현재에 안주하고 싶어 한다. 지금도 잘 살고 있는데 굳이 새로운 것을 받아들여야 할 필요가 있을까?

    웹 1.0에서 웹 2.0 시대로 넘어가는 과정에서 가장 큰 역할을 한 것은 스마트폰과 모바일 환경이었다. 지금이야 모바일 세상이 없다면 살 수 없는 상황이 되었지만, 약 15년 전 스마트폰이 처음 등장하고 작은 화면 속 앱이라는 낯선 것이 생겨났을 때는 분위기가 달랐다. 웹 1.0 시대를 통과하는 세대 중 일부는 모바일이 세상을 바꿀 것이라 생각했지만, 모바일과 앱 시장이 실패할 거라 생각한 사람도 많았다. 새로운 것을 받아들이는 것에 대한 거부감은 결과적으로 성공한 웹 2.0

초기에도 있었던 현상이다.

지금도 마찬가지다. 웹 3.0이 등장한다고 하니 새로운 변화의 가능성을 감지한 누군가는 빠르게 이 시장에 뛰어든다. 바로 이 시기가 전환기다. 앞서 이야기했듯이 전환기가 지난다고 해서 웹 2.0이 사라지고 모든 웹 2.0 서비스가 망하는 것이 아니다. 그러나 누군가는 웹 3.0에서 향후 10년 개인의 커리어나 부, 기업의 비즈니스를 바꿀 기회를 보고 있다.

이미 웹 3.0에 포함되는 블록체인, 암호화폐, 메타버스 등에 대한 정부의 규제와 기업의 움직임이 시작됐다. 특히 탈중앙화에 방점이

⋯⋯> 일부 국가에서는 블록체인과 암호화폐에 대한 규제를 가하고 있다. 하지만 부를 창출할 새로운 기회를 본 기업과 개인은 미래를 위한 투자를 시작했다.

찍힌 웹 3.0은 정부와 기업의 입장에서 마냥 반길 만한 개념이 아니다. 일부 국가는 벌써부터 강력하게 블록체인과 암호화폐를 제재하고 있지만, 반대로 일부 국가는 비트코인을 국가 화폐로 지정할 정도로 적극적으로 받아들이고 있다.[38] 정부는 발생할 여러 문제를 미연에 방지하기 위해 규제에 나선다. 하지만 이는 달리 보면 정부가 웹 3.0을 이미 피해갈 수 없는 흐름으로 인식하고 있다는 신호이기도 하다. 최근 기업들이 앞다퉈 암호화폐를 발행하고 웹 3.0을 위한 별도 조직을 구성하거나 서비스를 만들겠다고 선언하는 것은 그들이 이미 새로운 기회를 포착했기 때문이다. 결국 웹 3.0 시대에 동참하는 것은 자유로운 선택이다. 하지만 웹 3.0을 통해 부를 창출하고 개인의 커리어를 드높일 새로운 기회를 엿본 사람들은 미래를 위한 투자를 시작했다.

웹 3.0이 창출할 부의 기회

근대 경제학의 아버지인 애덤 스미스Adam Smith는 그의 대표적인 저서 《국부론》에서 '분업'의 중요성을 강조했다. 애덤 스미스는 분업을 하면 생산성이 향상된다고 주장했다.[39] 맡은 분야에서 경험이 쌓이면 숙련도가 올라가고 그만큼 시간이 절약되기 때문이다. 분업이 자리를 잡으면 물물교환과 화폐 거래가 이뤄지고 시장 경제가 형성된다. 경제가 발전하면 더 큰 시장이 형성되고, 생산량이 증가함에 따라 노동이나 자본 등 생산요소의 비용이 줄어드는 규모의 경제도 발생한다.

웹 3.0에서는 이와 같은 분업이 더욱 강조될 것이다. 애덤 스미스가 강조한 분업은 개인의 자유에 기반한 협력과 이에 따른 결과의 소중함을 의미한다. 분업을 통해 각지 자유롭게 자신의 이익을 추구하고 협력하면 전반적인 사회의 발전과 성과가 나타날 수 있다. 따라서 분업이 고도화되면 미래에는 기존 산업의 패러다임을 바꿀 다양한 형태의 비즈니스가 등장할 것도 예상해볼 수 있다. 앞서 결합과 조합의 중요성에 대해 말했던 것처럼 개별 서비스가 분업을 하는 동시에 상호 연결되면 효율성이 높아지며 새로운 서비스와 가치를 만들 수 있다.

새로운 서비스와 가치가 생겨난 이후는 어떻게 될까? 인간은 이를 남에게 공짜로 혹은 싼 값에 넘겨주지 않는다. 자신이 만들어낸 가치를 소유하고 싶어 한다. 웹 2.0에서는 이 '소유권'의 대부분을 플랫폼이 가져갔다. 웹 3.0에서는 소유권을 넘겨주지 않을 셈이다. 사람들은 가치를 지닌 데이터와 자산의 소유권을 확보하기 위해 움직이기 시작했다.

웹 2.0과 웹 3.0은 '기술'의 발전과 함께 나타난 개념이자 방향이다. 하지만 두 시대를 관통하는 핵심은 단 하나다. 바로 '돈'이다. 기술이 발전할 수 있는 가장 큰 원동력은 삶에서 느껴지는 불편함이나 더 나은 삶을 위한 욕구일 수도 있지만, 결국은 돈이 이러한 동기를 가장 강력하게 부여한다.

탈중앙 자율조직인 DAO가 아무런 보상 없이 일을 하거나 기여해야 하는 시스템으로 만들어졌다면 해당 DAO는 절대 유지될 수 없을 것이다. DAO에 참여하는 사람들은 DAO가 만들어낸 가치로 인해 받을 수 있는 보상을 기대한다. 보상이 있어야 동기부여가 되고 참여할 이유가 생긴다.

사람은 대부분 돈이 필요하다. 이미 돈이 너무 많거나, 돈에 욕심이 없어 무소유를 지향한다면 해당되지 않을 수도 있다. 하지만 결국 웹 3.0이 탄생한 가장 큰 이유는 이것이 기업에게 돈이 나올 새로운 창구가 되기 때문이고, 개인에게는 조금이라도 더 많은 부를 얻을 수 있는 기회가 되기 때문이다.

웹 3.0은 전에 없던 부를 창출하고 돈의 순환을 만드는 새로운 방식이 될 수 있다. 웹 2.0에서 많은 돈을 벌어들인 플랫폼 사업자가 새로운 매출을 위해 웹 3.0을 매개체로 삼을 수 있다. 아니면 웹 2.0에서 돈을 벌지 못한 사업자가 네이티브 웹 3.0 서비스와 제품을 들고 나와

‥‥> 웹 3.0은 전에 없던 부를 창출하는 새로운 방식이 될 수 있다. 또한 웹 3.0은 이전보다 노력과 기여의 가치가 인정받고 소유권을 확보할 수 있는 시대다.

돈을 벌고자 할 수 있다. 웹 3.0은 웹 2.0 이후 새로운 매출이 필요한 기업에게 혁신적인 방법이 될 수 있는 것이다.

　개인도 마찬가지다. 현재 연이율 3퍼센트도 되지 않는 은행 이자 대신 디파이에 유동성을 공급하고 받는 100~200퍼센트의 이자를 선택할 수 있게 됐다. 지금까지 웹 2.0에서 불가능했던, 혹은 지금까지 없었던 새로운 서비스를 직접 개발하고 돈을 벌 수도 있다. 누구나 지금 우리가 살아가고 있는 웹 2.0에는 없는 새로운 돈의 통로와 부의 창출을 웹 3.0에서 기대할 수 있다. 최소한 웹 3.0은 전보다 나의 노력과 기여의 가치가 인정받고 소유권을 확보할 수 있는 시대다.

한눈에 정리하는 웹 3.0

- 웹 3.0을 둘러싼 논쟁에는 지지와 의심이라는 상반된 시선이 공존한다.

- 이더리움의 공동 창립자 개빈 우드나 앤드리슨 호로위츠의 CEO 마크 앤드리슨은 웹 3.0의 대표적 지지자이며, 테슬라의 일론 머스크와 블록의 잭 도시는 웹 3.0에 대해 부정적이다.

- 지난 웹 전환기처럼 웹 2.0에서 웹 3.0으로의 전환에는 다양한 실험과 실패가 등장할 것이다. 사용자들의 지속적인 관심과 참여가 관건이다.

- 앞으로는 중앙화된 서비스의 웹 2.0 기업과 탈중앙화된 서비스를 제공하는 웹 3.0 기업이 공존할 것이다.

- 웹 3.0 시대에는 더 고도화된 분업으로 새로운 서비스와 가치가 만들어질 것이며 이는 소유에 대한 열망으로 이어진다. 웹 2.0 시대에는 플랫폼이 소유권을 가져갔다면 웹 3.0에서는 개인이 이를 확보할 수 있다.

- 기술의 발전을 이끄는 가장 강력한 동기는 돈이다. 웹 3.0은 전에 없던 부를 창출하는 새로운 방식이 될 수 있다.

- 웹 3.0은 전보다 개인의 노력과 기여의 가치가 인정받고 소유권을 확보할 수 있는 시대다.

맺는말

다가올 웹 3.0 시대를 기대하며

웹 3.0이 언제 주류가 되고, 그 시대가 본격적으로 열릴지는 아무도 모른다. 현재는 개발자와 초기 투자자들이 활발히 진입하는 한편, 웹 3.0의 존재에 대해 부정적인 의견을 제시하는 사람들도 적지 않은 상황이다. 누군가는 웹 3.0이 웹 2.0을 대체하고 새로운 웹 시대를 열 것이라 말한다. 또 누군가는 웹 2.0 플랫폼에 웹 3.0 요소가 통합되는 방식으로 시대를 공유할 것이라 주장한다.

웹 3.0은 새로운 인터넷의 비전이다. 궁극적으로 우리가 디지털 세상에서 사람들과 상호작용하고 서비스를 이용하는 방식을 재편할 것으로 기대한다. 또한 빅테크 기업에 편중된 권력과 소유권, 그리고 돈을 개인에게 이전할 수 있는 기회라고 보고 있다.

많은 회사가 웹 3.0 시대를 열기 위해 도전하고 있다. 괜히 실리콘 밸리의 인재들이 웹 3.0과 블록체인 관련 회사로 이직하거나 스타트업에 뛰어드는 것이 아니다. 기존 기업들이 붙잡기 힘들 정도로 많은 인재들이 웹 3.0으로 향하고 있다.[40] 실제로 최근 웹 3.0 관련 일을 하는 사람들 중에는 명문 대학을 나와 구글이나 아마존, 맥킨지, 골드만삭스 등 굵직한 기업에서 근무한 경력이 있는 자들을 어렵지 않게 찾아볼 수 있다. 과연 이들이 잘못된 선택을 한 것일까? 물론 그럴 수도 있다. 정말로 웹 3.0이 웹 2.1 수준에 그치고 그렇게 대단한 시대가 열리지 않는다면 말이다.

하지만 우리에겐 이미 레슨 런Lesson-Learn이 있다. 2017년과 2018년의 암호화폐 열풍, 그리고 이후 몇 년간의 침체기를 겪은 사람들은 2021년부터 시작된 새로운 트렌드에서 이전과는 다른 양상을 보였다. 세상은 변하고 있다. 단순히 많은 기관 투자자가 암호화폐에 투자했다거나 NFT 열풍이 불어서가 아니다. 침체기 동안 기술을 개발하고 서비스를 준비한 블록체인 회사, 메타버스에 사용하는 3D 그래픽과 엔진의 발전, 멈추지 않는 인공지능의 진화 등을 목격했기 때문이다.

앞서 언급한 바와 같이 탈중앙화가 웹 3.0의 전부라고 생각하면 웹 3.0이 허구처럼 보일 수 있다. 하지만 웹 3.0은 실제로 자산의 배분과 증식의 시스템을 바꾸는 계기가 될 것이다. 이 과정에서 더 많은 돈을 버는 사람과 벌지 못하는 사람이 생기겠지만, 누구든 아예 웹 3.0에 대해 눈을 감고 귀를 닫아버리면 지금과 별반 다르지 않은 삶을 계속 살게 될 것이다. 그 자리에 머물러도 충분하다고 판단하면 머무르면 된다. 다만 새로운 기회를 찾는 사람들은 이미 웹 3.0을 헤집고 다니기 시작했다.

처음부터 웹 3.0 인간과 웹 2.0 인간이 정해져 있는 것도 아니고, 그것을 구분 짓는 것은 불가능하다. 앞으로 빠르면 10년, 길어야 20년 안에 전 세계 인터넷 인구 대부분이 디지털 지갑을 소유하고 있을 것이다. 또한 암호화폐를 송금하거나 그것으로 결제하는 일도 누구나 경험하게 될 것이다(정부에서 발행한 CBDC나 비트코인이나 또 다른 암호화폐 어떤 것이라도). 이런 경험이 대단한 것이 아니라 자연스러운 일상이 될 것으로 기대한다.

웹 3.0은 무조건 올 시대이며, 웹 2.0의 시대는 끝났고 웹 3.0의 시대가 번창할 것이라는 의미가 아니다. 시대의 변화는 결국 사람이 이끈다. 기술은 사람의 필요에 따라 연구되고 개발되는 것이다. 자연스러운 시대의 변화에 기술이 더해지는 것이다.

웹 3.0은 분명히 좋은 목표이고 가야만 하는 방향임에 틀림없다. 과연 사용자들에게 실질적 혜택이 주어지는, 제대로 작동하는 웹 3.0 서비스를 누가 먼저 만들어낼 수 있을 것인지 궁금해진다. 우리에게는 이 물음에 대한 해답을 찾는 것이 중요하다. 그리고 웹 3.0을 준비하는 이들의 노력과 그들이 만들어낼 가치가 무엇보다 중요할 것이다. 이미 웹 3.0 시대에 뛰어든 사람들의 발걸음은 빨라지고 있다.

참고문헌

1   https://www.cbsnews.com/news/web3-cryptocurrency-nft-tim-oreilly/

2   https://www.w3.org/2000/Talks/0906-xmlweb-tbl/text.htm

3   https://twitter.com/cdixon/status/1442201625590779909

4   https://gavofyork.medium.com/why-we-need-web-3-0-5da4f2bf95ab

5   https://www.bloomberg.com/news/articles/2022-02-02/google-ceo-weighs-in-on-web3-says-he-s-looking-at-blockchain

6   https://www.cnbc.com/2022/01/16/walmart-is-quietly-preparing-to-enter-the-metaverse.html

7   https://dbr.donga.com/article/view/1203/article_no/8954/ac/magazine

8   https://www.engadget.com/tesla-begins-letting-customers-buy-some-of-its-merch-using-dogecoin-110819070.html

9   https://www.coindesk.com/learn/2016/06/25/understanding-the-dao-attack/

10 https://twitter.com/cdixon/status/1451703067213066244

11 https://decrypt.co/95039/metamask-consensys-30-million-users

12 https://brave.com/2021-recap/

13 https://fortune.com/2022/01/03/eminem-nft-bored-ape-yacht-club/

14 https://blog.coinbase.com/a-simple-guide-to-the-web3-stack-785240e557f0

15 https://messari.io/pdf/messari-report-crypto-theses-for-2022.pdf

16 https://www.arringtoncapital.com/wp-content/uploads/2020/12/aXRPc_
    mirror_the_standard_for_synthetic_assets.pdf

17 https://finance.yahoo.com/news/instagram-currently-exploring-nfts-
    ceo-183537502.html

18 https://www.cnbc.com/2018/03/29/nvidia-ceo-jensen-huang-
    cryptocurrency-blockchain-are-here-to-stay.html

19 https://www.mk.co.kr/news/business/view/2021/11/1089487/

20 https://studio.zepeto.me/kr

21 https://biz.chosun.com/international/international_general/2022/01/26/
    CYMZQPDPEZF6JOTOLAIEDGYXSE/

22 https://cointelegraph.com/news/youtube-sees-incredible-potential-in-nft-
    video-sales-despite-backlash-threat

23 https://www.bbc.com/news/technology-59505516

24 https://www.circle.com/en/pressroom/circle-valued-at-9b-in-new-
    transaction-terms-agreed-with-concord-acquisition-corp

25 https://www.gamedeveloper.com/business/activision-blizzard-closes-out-
    2021-on-a-high-note-as-revenue-crosses-8-8-billion

26 https://www.gameinformer.com/2021/11/05/ea-ceo-says-nfts-and-
    blockchain-games-are-the-future-of-our-industry-and-that-hes-unsure

27 https://www.forbes.com/sites/paultassi/2022/02/02/ea-appears-to-have-
    been-scared-straight-about-nfts-for-now/?sh=6ceff5c21ca1

28 https://www.cnbc.com/video/2022/01/31/ftx-raises-400-million-in-
    series-c-funding-round-gives-company-32-billion-valuation.html

29 https://ftxfuturefund.org/

30 https://cointelegraph.com/news/billionaire-sbf-says-ftx-may-one-day-
    buy-goldman-sachs-and-cme

31   https://netfreeman.com/2021/11/20211115084049993n.html

32   https://www.animocabrands.com/expand-brand-portfolio-and-ip

33   https://www.salesforce.com/blog/define-headless-commerce/

34   https://m.etnews.com/20211224000116

35   https://www.gartner.com/en/newsroom/press-releases/2021-08-02-gartner-says-four-trends-are-shaping-the-future-of-public-cloud

36   https://docs.ipfs.io/concepts/what-is-ipfs/

37   https://unstoppabledomains.com/

38   https://www.pwc.com/gx/en/financial-services/pdf/el-salvadors-law-a-meaningful-test-for-bitcoin.pdf

39   https://www.adamsmithworks.org/documents/division-of-labor-part-1

40   https://www.coindeskkorea.com/news/articleView.html?idxno=77831

웹 3.0 레볼루션

초판 1쇄 발행 2022년 4월 15일
초판 2쇄 발행 2022년 5월 10일

지은이 | 윤준탁

발행인 | 유영준
편집팀 | 오향림, 한주희
디자인 | 김윤남
인쇄 | 두성P&L
발행처 | 와이즈맵
출판신고 | 제2017-000130호(2017년 1월 11일)

주소 | 서울 강남구 봉은사로16길 14, 나우빌딩 4층 쉐어원오피스 (우편번호 06124)
전화 | (02)554-2948
팩스 | (02)554-2949
홈페이지 | www.wisemap.co.kr

ISBN 979-11-89328-59-7 (03320)